존 롤즈가 들려주는

정의 이야기

존 롤즈가 들려주는
정의 이야기

ⓒ 오채환, 2008

초판 1쇄 발행일 2008년 2월 29일
초판 12쇄 발행일 2022년 2월 14일

지은이   오채환
그림   김혜영
펴낸이   정은영

펴낸곳   (주)자음과모음
출판등록   2001년 11월 28일 제2001-000259호
주소   10881 경기도 파주시 회동길 325-20
전화   편집부 (02)324-2347 경영지원부 (02)325-6047
팩스   편집부 (02)324-2348 경영지원부 (02)2648-1311
e-mail   jamoteen@jamobook.com

ISBN 978-89-544-1981-9 (64100)

존 롤즈가 들려주는

정의 이야기

오채환 지음

|주|자음과모음

  우리들은 공부가 아닌 다른 분야라도 뛰어난 사람을 일컬어 '박사'라
고 불러 주는 습성이 있습니다. 여행 박사, 노래 박사, 음식 박사, 게임
박사, 춤 박사, 심지어는 연애 박사까지……. 그것은 이런 분야들이 비
록 진리를 탐구하는 것은 아니지만 기량이 뛰어나게 되기까지 나름대로
많은 경험과 지식을 쌓아야 한다고 생각하기 때문일 것입니다. 그런데
남달리 정의롭다고 판단되는 사람에게는 정의 '박사' 대신 유독 정의의
'용사'라는 호칭을 사용합니다. 이런 어법에는 아마도 정의에 관한 두
가지 믿음이 반영되어 있다고 봅니다.

  하나는 박사라는 호칭을 쓰지 않는 이유를 반영하는 것으로서, 정의의
문제는 진리를 다루는 경우처럼 심각한 사색과 신중한 판단의 대상이
아니라는 믿음입니다. 다른 하나는 대신 쓰는 호칭이 용사인 이유를 반
영하는 것으로서, 정의의 문제는 '실천의 문제'이기 때문에 어느 정도
의 용기를 필요로 한다는 믿음입니다. 이에 필자는 이 조그만 이야기책
을 통해서 그런 믿음이 극히 부분적으로만 옳다는 사실을 강조하고자
합니다.

정의의 문제가 '실천의 문제'를 포함하는 것은 분명 맞습니다. 그리고 이것이 바로 진리의 문제를 다루는 다른 지식적 학문들과 정의의 다른 점입니다. 하지만 이 차이에 대한 강조가 정의란 사색과 판단을 거칠 필요가 없는 '실천만의' 문제로 오해되어 온 것이 사실입니다. 이를 바로 잡기 위해서는 "정의란 '실천까지' 다루는 문제"라고 토씨 하나만 바꾸면 됩니다. 그런데 토씨 하나 차이로 바뀐 뜻은 실로 엄청나서, 정의의 문제는 다른 어떤 진리의 문제 못지않게 심각한 사색과 신중한 판단을 거쳐야 함은 물론이고, 그 실천적 방법까지도 고려해야 한다는 뜻이 됩니다.

물론 이 조그만 이야기책을 통해서 정의의 문제와 관련된 엄청난 학습 요구를 감당한다는 것은 불가능한 일입니다. 그래도 정의의 문제가 평소 생각보다는 훨씬 더 진지한 학습이 필요하다는 확인은 가능하리라고 봅니다. 그래서 이 책을 읽은 학생들이 '약자 괴롭히는 녀석을 용기를 내서 혼내 주는 것'이나 '나의 즐거움을 조금 접더라도 불우 이웃 돕기에 앞장서는 것'이 곧 정의라는 단편적인 믿음에서 벗어나기를 바랍니다. 여기에 보다 마땅하고 균형 잡힌 자신의 정의관을 세워보려는 결심의 계기까지 제공할 수 있다면 더없이 좋겠습니다.

2008년 2월
오채환

  서점에 가면 철학과 철학자, 철학사에 대해 엮어 놓은 책들이 많이 있습니다. 특히 논술이 강화되면서 철학과 인문 도서도 청소년들이 읽기 쉽도록 만들어져서 나왔습니다. 그러나 〈철학자가 들려주는 철학 이야기〉처럼 철학과 철학자, 철학사를 모두 아우르며 재미있게 철학자의 사상을 이야기하는 책은 거의 없습니다. 특히 많은 〈철학자가 들려주는 철학 이야기〉 시리즈 중에서 《존 롤즈가 들려주는 정의 이야기》는 재미있는 사례와 독자들이 직접 겪을 수 있는 사건이 주를 이루고 있어 더욱 재미있고 알차게 읽을 수 있는 책입니다.

경기대학교 교양학부(철학) 교수 박연규

  "엄마! 정의가 뭐야?" "아빠! 어떻게 사는 게 올바르게 사는 거야?" 어린이들이 뜬금없이 이런 물음을 해서 가슴이 철렁 내려앉을 때가 있습니다. 뭐라고 말을 해 줘야 할까? 뭐가 정답인 것일까? 하지만 너무 고민하지 않으셔도 됩니다. 사회와 세계는 다양한 방식으로 구성되고 돌아가고 있기 때문에 어떠한 정의가 꼭 정답이라고 할 수는 없으니까요.

그러나 정답을 알려 줄 수는 없지만 무엇이 최선인지는 말해 줄 수 있지요. 그 내용이 바로《존 롤즈가 들려주는 정의 이야기》안에 들어 있습니다. 아이와 어른이 함께 서로의 고민을 풀어 나갈 수 있는 기회를 제공해 주는 책이라는 걸 읽으면서 알게 되실 거예요.

덕수고등학교 전문 상담 교사 이귀선

C O N T E N T S

프롤로그

"우진아! 이 녀석, 빨리 일어나야지. 첫날부터 지각할래?"

"으응…… 엄마, 나 좀 잡아 줘요. 못 일어나겠어요."

"애가 웬 응석이람. 어서 일어나서 준비해. 늦겠다."

오늘따라 아침 일찍 일어나는 것이 힘듭니다. 어제 꿈속에서 동생 현진이랑 너무 신나게 놀아서 일까요? 꿈속에서 현진이와 학교 얘기를 하면서 재미있게 놀아서 그런지 자고 일어났는데도 여전히 피곤합니다.

내 동생 현진이는 초등학교 입학을 며칠 앞두고 교통사고로 하늘나라에 갔습니다. 엄마랑 아빠는 현진이가 너무 착하고 예뻐서 하느님이 데리고 가신 거래요. 그리고 하늘나라에서 하느님과 함께 오빠인 나를 지켜보고 있으니 항상 착하고 씩씩하며 정의로운 행동을 해야 한대요. 그래서 난 아이스크림을 다 먹고 남은 막대기도 길가에 버리지 않고 가방

속에 넣는답니다. 현진이에게 부끄러운 오빠가 되고 싶지는 않거든요.

"아빠, 안녕히 주무셨어요?"

씻지도 않은 부스스한 얼굴로 방을 나왔습니다. 아빠는 벌써 일하러 가려고 신발을 신고 계셨습니다.

"아이고, 우진이 지금 일어났어? 어서 씻고 밥 먹고 학교 가야지."

다른 친구들 아빠는 멋있는 양복과 구두, 서류 가방을 들고 출근하시지만 우리 아빠는 그렇지 않습니다. 내 운동화보다 낡은 신발과 기름때가 깨끗이 지워지지 않은 점퍼를 입고 출근하십니다. 아빠도 양복을 입으면 잘 어울리실 텐데요. 아빠는 공장에서 기계를 다루는 일을 하니까 그런 옷이 필요 없다고 하셨습니다. 그래도 나는 그런 아빠의 모습이 제일 좋습니다.

"아빠, 안녕히 다녀오세요. 오늘도 힘내세요! 아자!"

"요 녀석. 아빠 놀라시겠다. 다녀오세요."

"그래, 우진이도 선생님과 친구들한테 잘하고, 이제 5학년이니까 공부도 열심히 하자."

아빠는 내 머리를 쓰다듬으면서 말씀하셨습니다. 아빠의 따뜻한 체온이 느껴졌습니다.

'아, 좋다…….'

"최우진! 빨리 씻고 밥 먹어!"

엄마의 목소리가 훨씬 커졌습니다. 이러다가 정말 지각하겠어요.

21세기 신분제도?!

 가장 부유한 시민은 가장 가난한 시민이 가진 재산, 즉 가옥과 노예를
포함한 토지 할당량의 4배 이상을 소유해서는 안 된다.

　　　　　　　　　　　　　　　　　　　　　　　　　　　　　－ 플라톤, 《법률론》

1 새로운 반, 새로운 친구들

등교하자마자 빈자리를 찾아 앉고 주위를 둘러보니 얼굴을 조금 아는 아이들이 있기는 했지만 친한 아이들은 없었습니다.

'미리 누가 우리 반이 되었는지 알아볼 걸' 하는 생각이 들었습니다. 입학식이 끝나고 꽤 시간이 지났지만 아직 선생님도 오시지 않았네요.

다른 아이들보다 덩치가 약간 커 보이는 남자 아이가 제 옆에 앉았습니다. 안경을 써서 좀 똑똑해 보이는 이 아이는 제 옆 자리에 앉으면서도 자신의 소개를 하지 않았습니다. 겉으로 보기에는 키도 크고 덩치도 있어서 운동을 참 좋아할 것 같았습니다.

나는 친구들을 대할 때 먼저 말을 잘 거는 편입니다. 그래서 이번에도 먼저 말을 걸어 보기로 했습니다.

물론 매번 그렇게 말을 걸고 하는 것이 쉬운 일은 아니죠. 특히 오늘처럼 저보다 덩치도 크고 날카로운 눈을 가진 아이에게는 말을 걸기가 좀 어렵습니다.

"나는 최우진이라고 해. 넌 이름이 뭐야?"

나는 짧게 내 이름을 말해 주고 그 아이의 얼굴을 빤히 쳐다보았습니다. 그리고 그 아이가 가방에서 이것저것 필기구와 책을 꺼내 놓는 것까지 다 기다리리라 마음먹었습니다.

내가 이름을 말할 때 나를 한 번 쳐다보았던 그 아이는 갑자기 가방을 내려놓더니 나를 향해 얼굴을 내밀었습니다.

그러면서 조금 떨리는 목소리로 반갑다는 듯이 제게 말을 하기 시작했습니다.

"너 혹시 작년 4반 반장이었던 우진이냐?"

'얘가 나를 어떻게 알지?'

나는 속으로 무척 궁금했습니다.

"어, 그런데 나를 어떻게 알아?"

아이는 정말 반가웠는지 손까지 내밀어 악수를 청했습니다.

"4반의 스파이더 피그가 네 이야기를 많이 했어. 반갑다. 나는 정나눔이야."

처음 볼 때는 관심도 없어 하던 아이가 갑자기 친하게 반겨 주니까 어리둥절했어요.

스파이더 피그, 그것은 남보다 살이 많이 찐 윤성이의 별명입니다. 왜 그런 별명이 붙여졌는지는 모르겠지만 애들은 새까만 피부에 60kg이 넘는 윤성이를 보고는 돼지 혹은 스파이더 피그라고 놀렸습니다.

나는 애들이 그렇게 놀릴 때마다 아이들에게 윤성이의 마음을 헤아려 보라고 했습니다. 왜냐하면 여러 명이서 한 명을 놀리는 것은 정의롭지 못한 행동이기 때문이죠.

하늘나라에서 현진이가 나를 지켜보고 있을 거란 믿음 때문일까요? 나는 늘 정의라는 것을 중요하게 생각했습니다. 그래서 그런 일을 할 수가 있었던 것입니다. 그래서 윤성이랑 난 작년 1년 동안 내내 단짝으로 지냈습니다.

"아, 윤성이? 남윤성!"

나는 윤성이가 나에 대한 말을 다른 친구에게도 했다는 것을 이때 처음 알았습니다. 그리고 정나눔이라고 하는 이 아이와 윤성이가 꽤 친했구나 싶었습니다. 그런데 왜 한 번도 윤성이는 나눔이를 제게 소개해 주지 않았을까요?

"윤성이가 너 무척 좋아하더라. 착하다고."

나눔이는 친한 친구처럼 내 어깨를 슬쩍 치면서 말했습니다.

착하다는 말에 기분이 좋았지만 나눔이가 나를 잘난 척하는 아이로 볼까 봐 그냥 살짝 웃어 보였습니다. 다른 사람에게서 칭찬을 듣는 것은 사실 기분이 좋은 일이죠.

9시 30분.

이제 아이들도 거의 다 온 것 같네요. 빈자리도 몇 개 안 보였고, 일어서서 돌아다니는 아이도 있으니 아마 거의 대부분이 왔을 겁니다. 어떻게 아냐고요? 잘 들어 보세요.

"꺄! 너도 한 반이네?"

"뭐야, 난 진작부터 알고 있었는데. 히히."

"어제 슈퍼주니어 나온 거 봤어? 진짜 멋있어!! 어떡해!"

"난 벌써 앨범도 샀는걸. 노래도 너무 좋아."

아이들이 다 왔다는 것을 짐작하게 하는 것은 아이들의 웅성거리는 소리 때문입니다. 이 정도의 웅성거림이 바로 한 반에서 울리는 아우성의 정도라는 것을 5학년이 되면 알 수가 있죠.

조금 있다가 이 웅성거리는 소리가 잦아들면서 교실 앞문이 열렸습니다. 키가 작고 마른 체구의 한 여자 선생님이 들어오셨습니다.

"자, 모두 자리에 앉으세요."

선생님의 말씀에 아이들은 아무 자리에나 앉았습니다. 아이들은 전부터 알고 지내던 친구들과 같이 앉아서 그런지 조금 어수선했습니다.

"여러분 반가워요. 저는 앞으로 여러분들과 5학년 4반을 함께 이끌어 나갈 담임 김보라 선생님이에요. 우리 반 학생들은 모두 다 온 것 같군요. 시간이 별로 없는데, 일단 대청소 먼저 하고 3교시부터는 서로에 대해 알아보는 시간을 갖도록 해요. 그리고 한 달 뒤에 환경 미화 심사가 있어요. 그래서 환경 미화 역할 분담도 하고, 학급 정리도 하기 위해 반장과 임원을 뽑을 거니까 미리 생각해 두도록 하세요. 여러분 알겠죠?"

"네에!!"

이번 담임선생님은 성격이 급하신 것 같습니다. 다른 선생님들은 임시 반장을 시켜 놓고 한 주나 그 이상의 시간을 두고 반장 선거를 하는데 우리 선생님은 첫 날부터 반장 선거를 하시겠다고 하네요. 무슨 다른 계획이 있으신 걸까요?

"다들 반장이 무엇을 하는 사람인지는 알지요? 지금부터 대청소를 하고, 3교시에 반장을 뽑기로 해요."

담임선생님은 이렇게 말씀하시고 교무실로 가 버리셨습니다. 우리가 알아서 자유롭게 청소를 하라는 것이었습니다. 그러나 아이들은 그냥 여러 명이서 모여서 수다를 떨고 있었습니다. 누구도 먼저 나서서 청소를 지휘하는 아이는 없었습니다. 몇 명은 대충 바닥을 쓸고, 몇 명은 그냥 닦는 둥 마는 둥 걸레질을 했습니다. 그리고 또 몇 명은 유리창 청소를 했습니다.

두리번거리던 나는 나눔이와 쓰레기를 버리러 갔다 오기로 했습니다.

"야, 너 이번에도 반장해라."

나눔이가 쓰레기통을 자기 쪽으로 잡아당기면서 말을 건넸습니다. 반장 자리에 욕심이 나지는 않지만 그래도 계속 반장을 해 왔기 때문에 나눔이의 저런 반응에 익숙하긴 합니다. 그리고 작년에

5 - 4

반장선거

도 반장을 했기 때문에 내심 반장이 되지 않을까 하는 기대도 가지고 있었고요.

"음, 되면 하고, 아니면 말고."

나더러 반장을 하라는 나눔이의 말이 속으로는 고마웠지만 그래도 너무 잘난 척 하는 듯이 보일까 봐 이렇게 말을 했습니다. 우리 반 아이들은 선생님의 말씀대로 자유롭게 교실 청소를 하였습니다. 쓰레기를 버리고 돌아오니 아이들은 그런 대로 청소를 끝마치고 있었습니다.

그런데 교실과 복도 사이에 눈길이 가는 여자 아이들이 있었습니다. 왜냐하면 그쪽에 있는 아이들이 입고 있는 옷은 얼마 전 고급스러운 옷가게에서 본 마네킹이 입고 있던 옷이었거든요.

엄마는 며칠 전 5학년이 된 기념으로 새 운동화를 사 주셨습니다. 신발 가게 옆에는 어른 옷과 아이 옷을 함께 파는 가게가 있었습니다. 그곳은 들어가기가 민망할 정도로 인테리어가 예뻐서 엄마와 나는 밖에서 서성거리기만 했습니다.

"저 마네킹이 입고 있는 옷 정말 귀엽네."

"그러게, 현진이가 조금 더 컸으면 저 옷이 참 잘 어울렸을 것 같구나."

그때 알았습니다. 엄마가 겉으로는 아무렇지 않은 척 하시지만 가슴 속 깊이 현진이를 묻어 놓고 계셨다는 것을요.

다들 그렇게 예쁘고 반짝반짝 빛이 나는 옷을 입고 있었습니다. 게다가 얼굴도 예쁘고, 머리핀도 멋진 것을 하고 있었습니다.

"야, 공리야. 이번에도 네가 반장하면 되겠다."

머리를 하나로 길게 묶은 여자 아이가 빨간색 스웨터를 입고 있는 예쁘게 생긴 여자 아이에게 말했습니다.

아, 그런데 반장이라니! 이게 무슨 말일까요?

'공리? 어디서 많이 들어본 이름인데…… 얼굴도 낯이 익고. 저 여자 아이는 누구일까?'

반장이라는 말을 듣자 그 여자 아이가 누군지 궁금해지기 시작했습니다. 그 아이는 머리를 하나로 묶은 여자 아이가 하는 말에 대답도 안 했습니다.

그런데 그 아이의 표정은 당연하지, 하는 자신감 있는 표정이었습니다.

'빨간 스웨터를 입은 저 여자 아이도 반장이 되고 싶어 하는구나!' 하는 생각이 밀려 들어오더라고요.

그 여자 아이는 무척 예쁘게 생겨서 아이들이 좋아할 것 같았습니다.

"빛나야. 쉿! 선생님 오신다."

공리와 빛나? 둘 다 이름이 특이해 보였습니다. 게다가 공리라는 저 아이는 왠지 카리스마까지 있어 보였고요.

'아, 공리!'

갑자기 스파이더 피그가 생각났습니다. 윤성이가 7반에 좋아하는 여자 아이가 있다고 했었는데 그 아이가 공리였죠.

이름이 특이해서 윤성이에게 보여 달라고 몇 번을 이야기했지만 윤성이는 5학년이 될 때까지 끝내 자기가 좋아하는 여자 아이를 보여 주지 않았습니다.

좋아하는 아이를 보여 주지 않는 것은 윤성이 나름의 규칙이라고 했습니다. 자기가 누군가에게 좋아하는 여자 아이를 보여 주면 꼭 그 여자 아이와 자기가 보여 준 아이가 사귀게 된다는 것이었죠.

아무튼 나는 그런 윤성이의 규칙을 존중하기로 했습니다. 그래서 공리라는 아이를 볼 수가 없었습니다. 그런데 오늘 이렇게 만나게 되다니. 참 신기한 일입니다.

2 학급 속에 있는 계급

3교시 종이 울리고 몇 분이 지나서 선생님이 교실로 돌아오셨습니다.

"다들 조용히 하세요. 와! 교실이 깨끗하네요. 청소 안 하고 놀러 다닌 친구는 없겠죠?"

"네!"

"그럼 우리 1분단 앞줄부터 자기소개를 하기로 해요. 서로 아는 사이도 있겠지만 처음 보거나 모르는 친구들도 많을 거예요. 자,

소개를 시작해 볼까요?"

선생님의 말씀이 끝나고 왼쪽 분단 아이들부터 일어나 자기소개를 차례로 했습니다. 보통은 자기 이름을 말하고 반갑다거나 잘 부탁한다는 평범한 인사를 했습니다.

그런데 왼쪽 끝에 앉아 있던 머리를 하나로 길게 묶은 여자 아이 — 빛나 — 에게 차례가 돌아왔을 때부터 그런 평범한 소개가 달라지기 시작했습니다.

"나는 왕빛나라고 해. 작년에 7반 미화 부장이었고, 내 자랑은 아니지만 우리 반이 환경 미화에서 1등을 했었어. 잘 부탁한다."

아이들은 색다른 왕빛나의 자기소개를 듣고는 많은 박수를 쳤습니다.

아니, 자세히 보니 한 쪽은 박수를 세차게 치면서 환호까지 해 주었지만, 다른 쪽은 웅성웅성 그 아이에 대해 별로 좋지 않은 반응을 보이기도 하는 것 같았습니다.

왕빛나가 자기소개를 마치고 나니까 옆에 앉아 있던 빨간 스웨터를 입은 여자 아이 — 공리 — 가 일어섰습니다. 그리고 자기소개를 시작하였습니다.

그런데 이 아이가 소개를 시작하자 남자 아이들도 여자 아이들도 게다가 담임선생님까지 모두 집중을 하는 것 같았습니다.

"만나서 반가워요. 저는 김공리라고 합니다. 작년에 빛나하고 같은 7반이었고, 그때 저는 반장이었어요. 이따 반장 선거를 할 텐데 저를 많이 뽑아 주셨으면 좋겠습니다. 1년 동안 잘 부탁합니다."

와, 다른 아이들보다 몇 배는 더 길게 그리고 또박또박 말도 참 잘했습니다. 공리의 소개는 아나운서가 무엇인가를 소개하는 것 같은 착각이 들 정도였으니까요.

아이들의 환호도 대단하였습니다. 나도 덩달아 박수를 힘껏 쳤지만 괜히 기가 죽어버렸습니다. 아까 나눔이랑 반장 이야기를 했을 때까지만 해도 자신이 있었는데 말입니다.

드디어 우리 분단 아이들의 소개가 시작되었습니다. 나눔이 차례가 되었는데, 나눔이는 자기 이름만 말하고 앉아 버렸습니다.

아까 나에게 친하게 대하면서 말을 할 때와는 또 다른 느낌이었습니다. 처음엔 성격이 밝고 말도 잘하는 아이인 줄 알았는데 이렇게 보니 과묵하고 조용조용한 성격인 것 같기도 했습니다.

내 소개를 할 차례가 되었습니다.

"안녕하십니까? 저는 최우진이라고 합니다. 여러분과 같은 반이 되어서 정말 기쁩니다. 4학년 때 반장을 해서 그런지 낯익은 친구들이 많네요. 잘 부탁드립니다."

나도 자기소개를 꽤 잘한 것 같았습니다. 좀 전까지 기가 죽어 있었는데 자기소개를 하고 보니 자신감이 생겼습니다.

나는 다른 아이들 앞에 나설 때 잘 떨지 않는 편입니다. 가끔 여자 아이들 중에는 '음매' 하는 염소 소리를 내면서 목소리를 떠는 아이가 있기도 한데 나는 아이들 앞에만 서면 목소리가 더 커지고 자신감이 넘친답니다. 작년에 반장을 해서 그런지도 모르겠어요.

나눔이도 나의 소개를 듣고 힘껏 박수를 쳐 주었고, 아이들의 반응도 꽤 괜찮아 보였습니다. 그런데 반대편에 앉아 있던 왕빛나와 김공리는 나의 자기소개가 마음에 들지 않는 것 같았습니다.

내 뒤로 몇 명의 친구들이 더 자기소개를 하고 나서 우리 반 전체의 자기소개 시간은 끝이 났습니다.

선생님께서는 교실을 둘러보면서 아이들에게 조용히 하라고 말씀하셨습니다. 그리고 칠판에 '반장 선거 후보'라고 크게 적으셨습니다.

"자, 지금부터 반장을 비롯한 학급 임원을 뽑을 거예요. 하기 싫은 것을 억지로 타인에게 시키면 곤란하니까 반장과 임원이 하고

반장

부반장

학습부장

미화부장

체육부장

부원

싶은 친구들, 그리고 그런 자격이 있어 보이는 친구를 추천해 주세요."

"김공리를 추천합니다! 공리는 학교를 다니는 동안 한 번도 반장을 안 해본 적이 없어요. 공부도 잘해서 학생들에게 모범을 보여주는 좋은 반장이 될 수 있을 거라고 생각합니다."

빛나가 손을 번쩍 들면서 크게 말했습니다. 칠판에는 제일 처음으로 김공리의 이름이 적혔습니다. 아, 저기에 이름이 적힌다면 정말 기분이 좋을 것 같네요. 그때 나눔이가 자리에서 일어나서 말했습니다.

"저는 최우진을 추천합니다. 우진이는 평소에 친구들을 잘 도와주고 항상 다른 사람들에게 모범이 되는 행동을 하였습니다. 반장으로서 공부를 잘하는 것도 중요하지만 한 반을 이끌어가는 카리스마와 마음가짐이 훨씬 중요하다고 생각합니다. 그래서 저는 최우진을 추천합니다."

와! 나눔이한테 너무 감격했습니다. 나를 정말 좋은 아이로 생각하고 있는 것 같아요. 나눔이의 추천으로 내 이름도 칠판에 적혔답니다.

공리와 빛나, 나를 포함한 6명이 반장 후보에 올랐습니다. 우리들은 자리에서 일어나서 자신의 포부를 간단히 이야기하였습니다. 공리가 제일 먼저 말했습니다.

"우선 저를 반장으로 추천해 주셔서 감사합니다. 저는 항상 반장을 하면서 학급을 위해 노력했습니다. 간식이 먹고 싶으면 제가 얼마든지 살게요. 영화가 보고 싶으면 단체 관람도 할 수 있게 만들겠습니다. 이런 것은 제가 투자할 테니 여러분은 우리 반의 즐거운 생활을 위해 저에게 투자하시면 됩니다."

간식을 사 주고 영화를 보여 준다는 공리의 말에 아이들은 신바람이 났는지 너무나 좋아했습니다. 앗, 내가 말할 차례입니다. 교탁 앞에 서니까 갑자기 떨리네요.

"안녕하십니까? 최우진입니다. 저는 4학년 때 반장을 했었는데 생각했던 것보다 쉽지 않았습니다. 당시 전 다른 반 반장들만큼 공부를 잘하는 것은 아니었지만 반을 위해서 땀을 흘리고 모두가 사이좋은 친구가 되고자 하였습니다. 그래도 4학년이 끝날 때쯤이 되자 더 열심히 했으면 좋았을 걸 하는 후회가 들었습니다. 이번에는 후회하지 않게 해 보고 싶습니다. 저의 이 실내화 바닥이 닳을 때까지 열심히 뛰겠습니다."

처음의 떨림은 사라지고, 점점 편안해졌습니다. 아이들은 나누어 준 표에 원하는 후보 이름을 적어 냈습니다. 개표를 해 보니 김 공리는 11표를 얻고 나는 9표를 얻어서 득표수대로 김공리가 반장이 되고, 나는 부반장이 되었습니다. 다른 후보 친구들은 각각 학습 부장, 체육 부장을 맡았습니다. 그리고 빛나는 자기가 하고 싶다던 미화 부장을 자진해서 맡았습니다.

임원이 아닌 친구들은 학습부, 체육부, 미화부 중 들어가고 싶은 곳에 이름을 적기로 했습니다. 내 짝인 나눔이는 체육 부원이 되었습니다. 역시 체육을 좋아하는가 싶었는데, 사실 체육 부원이 제일 할 일이 없다는 게 나눔이가 체육부에 들어간 이유였습니다.

이렇게 우리 반은 반장 – 부반장 – 임원들(학습, 체육, 미화 부장) – 부원들로 구성되었습니다.

마치 신분 제도가 있는 옛날로 돌아간 것 같습니다. 친구들을 어떤 기준으로 나눈다는 것이 마음에 들지는 않지만 그래도 매 학기마다 하는 일이라 난 그냥 익숙하게 받아들였습니다.

3 임원이라고 당번을 빼면 되겠니?

이튿날이 되었습니다. 오늘부터는 점심에 급식도 하고 진정한 새 학기가 시작될 것입니다.

"오늘부터 급식 당번은 번호 순서대로 3명씩 일주일 동안 하면 돼요. 그리고 청소는 분단별로 한 달에 한 분단씩 하고요. 주번은 뒤 번호부터 2명씩 일주일 동안 하세요."

담임선생님께서는 청소 구역과 해야 할 일들을 말씀해 주셨습니다. 또 혹시 이유가 있어 당번을 바꾸고 싶은 아이들은 반장에게 말해서 바꾸라고 하셨습니다. 역시 청소를 시키실 때처럼 선생님은 우리가 자유롭게 정할 수 있도록 배려해 주셨습니다.

그런데 아침부터 반장이 임원들을 불러 놓고 급식 당번 이야기를 하였습니다.

"우리들은 급식 당번을 하지 않기로 하자."

'아니 이게 갑자기 무슨 소리람?'

"왜냐하면 우리들은 학급 일을 해야 하니까 밥을 빨리 먹는 게 좋지 않겠니? 그래야 일할 시간도 많고 말이야. 줄 서서 기다리는 것도 시간 낭비야."

나는 공리의 말이 잘 이해가 되지 않았습니다. 그러나 당번을 하나 빼자니까 싫지는 않았죠.

"아이들에게 밥을 다 나누어 주고 언제 우리들의 일을 하겠어. 그치?"

공리는 부반장인 나와 부장들인 미래, 강인, 빛나의 반응을 천천히 살피면서 조곤조곤 말했습니다. 왕빛나는 역시 공리의 말이 옳다고 하였습니다. 자기들은 학급 일이 있으니 점심을 빨리 먹는 게 편하다는 것입니다. 그러니 당연히 자기들은 급식 당번을 할 시간이 없다는 식이었습니다. 미래와 강인이도 찬성하였습니다.

사실 급식 당번이 제일로 하기 싫은 일 중의 하나이기는 합니다. 급식 당번은 밥 차가 오면 밥을 아이들에게 다 나누어 주고, 마지막에 남은 음식을 당번들이 나누어 먹습니다. 그러면 맛있는 것도 거의 못 먹을 때가 많고, 밥도 늦게 먹기 시작하기 때문에 점심시간에는 아무 것도 할 수가 없습니다.

게다가 음식물 쓰레기를 모아서 밥 차를 식당 앞까지 갖다 놓아야 하는데 그 일이 제일 고역입니다. 하지만 저는 왠지 찜찜했습니다. 반장의 말이 다 틀린 것은 아니지만 임원이 아닌 다른 아이들은 싫어할 것 같아서요.

드디어 반장이 아이들 앞에서 급식 당번 이야기를 하였습니다. 대부분의 아이들이 싫은 표정을 지었고, 아이들 중에 몇 명은 강력하게 반대하였습니다.

"반장. 그런 게 어디 있어? 임원이면 다야?"

"그래! 은근히 기분 나쁘다? 점심시간 때 할 일이 그렇게 많니?"

아이들의 볼멘소리에 공리가 조금 당황했나 봅니다. 아이들이 이렇게 나올 것이라고는 생각을 못했기 때문이겠죠.

"임원은 특별 대우 받는 거냐? 선생님이 정해준 대로 해야지 왜 반장 맘대로 규칙을 바꿔?"

"맞아. 선생님은 당번의 순서를 바꿔도 된다고 했지, 하지 말라고 하신 적은 없어."

아이들의 말은 일리가 있어 보였습니다. 아이들이 여기저기서 웅성거리는 와중에 공리는 다시 말하기 시작했습니다.

"얘들아, 일단 진정하고 우리 말 좀 들어 봐. 너희는 직접 나를 반장으로 뽑아 주지 않았니? 그럼 나를 믿고 따라 주길 바라. 우린 모두 각자에게 할 일이 주어져 있다고. 자기에게 주어진 일에 최선을 다할 때 진정 좋은 학급, 좋은 사회가 되는 거 아니겠어? 지금 내가 이렇게 너희에게 말하는 건 우리 각자 맡은 임무를 더 잘하기 위해서야. 그러니까 다들 내 말에 따라 줘."

"야, 그건 너무 특권 의식 아니냐? 지금이 무슨 조선 시대도 아니고. 네가 반장이면 반장이지 무슨 왕이나 대통령은 아니잖아."

가만히 듣고만 있던 나눔이가 툭하고 한 마디를 내뱉었습니다. 그러자 빛나가 일어나서 말했습니다.

"우리 학교는 전통적으로 환경 미화 심사에서 1등을 할 경우에 그 반 아이들에게 떡볶이 무료 교환권이랑 문화 상품권 등을 줘. 너희들 그게 갖고 싶지 않은 것 같구나. 임원들이 조금이라도 시간을 아껴서 써야지 모두에게 좋은 거 아니겠어?"

대부분의 아이들이 그 말에 솔깃해서 그렇게 하자고 했습니다. 그러나 몇 명은 아직도 뜻을 굽히지 않았습니다. 그렇게 임원들이 이유를 대고 급식 당번에서 빠지게 되면 다른 아이들까지 핑계를 대고 청소도, 주번도 하지 않게 될 것이라는 게 그들의 주장이었습니다.

나는 아이들 사이에 싸움이 날까 봐 걱정이 되었습니다. 그래서 나도 누군가의 편이 되어 서로 다른 입장의 아이들을 설득하기로 했습니다.

"임원이라도 급식 당번은 해야 된다고 생각해."

나는 임원들이 급식 당번에서 빠지는 것을 반대하는 아이들의 편을 들어 주었습니다. 물론 내가 가만히 있으면 공리의 뜻대로 귀찮은 급식 당번을 안 할 수도 있겠지요. 그렇지만 그것은 공평하지가 않은 것 같았습니다.

"반장이나 부반장, 임원이라고 해서 그런 특혜를 받는 것은 옳지 않다고 봐. 그런 권리는 원래 있는 것이 아니잖아?"

이렇게 말하면서 나는 임원 아이들과 반장 공리의 얼굴을 다시 쳐다보았습니다. 괜히 배신자가 된 것 같은 기분이 들었습니다.

"우리를 뽑은 것은 우리가 다른 아이들보다 힘들어도 학급을 위해 해야 할 일들을 하라고 뽑은 거지, 그렇게 편의를 봐 주면서 일을 하라고 뽑아 놓은 것은 아니잖아."

일단 말을 시작하고 나니 또 무슨 거대한 임무를 띤 것처럼 느껴져서 또 말을 덧붙이게 되었습니다.

"게다가 우리가 빠지면 다른 친구들에게 너무 자주 당번이 돌아가니까 좋지 않은 것 같아. 매일 환경 미화가 있는 것도 아니고 말이야."

조목조목 내 생각을 말했더니 공리나 다른 임원 아이들도 반대를 하지 못했습니다. 그리고 한 쪽에서는 내 의견이 옳다고 말해 주는 아이들도 있었습니다.

"옳소, 옳소."

내가 임원들도 당번을 해야 하는 이유를 하나하나 대면서 공리와 임원 아이들을 설득하니까 그 아이들도 어쩔 수 없이 우리 쪽의 의견대로 하기로 하였습니다. 그래서 우리 반은 모든 아이들이 다 선생님이 정해 주신 규칙대로 자신의 의무를 다하면서 환경 미화도 하기로 하였습니다.

이것이 첫날 우리 반에서 정한 규칙이었습니다.

정의로운 삶

여러분은 불의를 보면 참는 사람인가요, 참지 못하는 사람인가요? 설령 불의를 보고 잠시 참는다 하더라도 사람들은 누구나 정의롭게 살기를 원합니다. 정의의 실현을 위한 기본 태도는 크게 두 가지가 있어요. 하나는 멋진 목표(가장 좋은 어떤 것, 이를테면 경기의 경우 우승하는 것)를 세워 놓고 그것을 이루기 위해 최선을 다하는 태도입니다. 그런 사람은 목표를 이루는 것이 정의로운 삶이라고 생각하기 때문에 나머지 문제들은 중요하게 생각하지 않아요. 다른 하나는 어떤 목표를 이루는 것보다 규칙과 의무사항을 지키는 것(이를테면 페어플레이) 자체를 정의로운 삶으로 여기는 태도랍니다. 그런 사람에게는 목표를 달성하는 것만이 중요한 문제는 아니에요.

윤리학에서 보면 앞의 것을 '목적론'이라 하고, 뒤의 것을 '의무론'이라 해요. 목적론자는 행복을 목표로 하여 많은 이익을 얻는 행동이 곧 옳은 행동입니다. 반면에 의무론자가 생각하는 옳은 행위란 이익과 무관한 어떤 기본 원칙을 먼저 따르는 것입니다. 우리 한번 생각해 봐요. 우리들은 '거짓말은 옳지 않다'고 생각하죠? 하지만 사람마다 기본 신조가 달라서 거짓말을 반대하는 이유도 서로 달라요. 목적론자라면 "거짓말을 하면 결국 자기만 손해라서 불행해진다."라는 신조 때문에 '거짓말은 옳지 않다'고 생각하죠. 하지만 의무론자는 "거짓말은 누구나 가지고 있는 보편적 양심의 명령에 거스르는 것이다."라는 신조 때문에 '거짓말은 절대 해서는 안 된다'고 생각해요.

목적론의 대표적인 학설은 벤담과 존 스튜어트 밀의 '공리주의'랍니다. 공리주의의 기본신조는 "최대 다수의 최대 행복을 추구함으로써 많은 사람의 삶의 질을 극대화하는 것"이에요. 따라서 공리주의자들이 생각하는 도리란 최대한 많은 사람들에게 더욱 큰 행복을 가져다주는 행위를 이끄는 것이랍니다. 한편 의무론의 대표적인 학설은 칸트가 말한 '의무주의'에요. 칸트의 의무주의에서 목적이란 정언 명령에 따르는 행위 그 자체랍니다. 여기서 정언 명령이란 어떤 특정한 조건에 따라 달라지는 것이 아닌 무조건적인 도덕 명령이에요. 그런데 의무론의 문제점

은 우리가 하는 행위의 목적이 정언 명령이란 것을 어떻게 알 수 있냐는 것입니다.

플라톤의 정의론과 '공주병'

윤리학은 옳은 것이 무엇인지부터 도리를 구체적으로 실천하는 문제까지 다루고 있어요. 따라서 윤리학은 목적이나 의무와는 별도로 행동하는 방법과 절차에 따라 의견이 나뉘죠. 여기에서 문제의 초점은 '무엇이 옳은가?' 가 아니라 '어떻게 하는 것이 옳은가?' 입니다. 이처럼 구체적 실천과 관련된 정의를 '방법론적 정의' 라고 해요. 옳은 방법론적 규칙을 찾는다는 것은 공리주의의 기본 신조와 반대되는 의무론적 접근을 선택한 것입니다. 다시 말해 구체적인 실천을 심각하게 고민하는 사람들은 실천하는 데 필요한 규칙이나 의무 사항을 찾는 사람들이기 때문에 기본적으로 의무론자이죠.

오늘날 정의를 실천하는 방법론적 규칙을 찾을 때 갖추어야 할 두 가지 기본 조건은 '개인의 자유' 와 '전체의 평등' 입니다. 대체로 개인의 자유로운 판단과 선택을 보장하다 보면 전체의 평등이 무너지고, 전체의 평등에 치중하다 보면 개인의 자유가 제한되는 경향이 있어요. 두 가지 조건 중 어느 쪽에 치중하느냐에 따라 '자유주의 정의론' 과 '평등주의 정의론' 으로 나뉘는데 어느 쪽도 완전하지는 않아요. 정의의 실천이 어려운 근본 이유도 여기에서 비롯된 것이죠.

그런데 가장 오래된 정의론인 '플라톤의 정의론' 은 현대의 시각으로 보면 매우 특이한 이론이랍니다. 이것은 처음부터 불평등 자체를 적극 옹호하는 입장에서 출발하죠. 플라톤이 말하는 정의는 '국민 각자가 자기에게 합당한 일을 하면서 행복하게 살고 전체가 조화를 이루는 아름다운 상태' 입니다. 여기서 각자가 자기에게 합당한 일이란 무엇일까요? 그것은 계급 차별을 유지하는 일이랍니다. 귀족은 귀족으로서, 군인은 군인으로서, 평민은 평민으로서 차별화된 불평등을 계속 유지하는 것이 곧 정의라는 뜻이죠. 여러분도 알다시피 오늘날에는 기본적으로 모든 사람이 평등해요. 그러나 당시에는 '소피스트' 라는 지나친 개인주의자들 때문에 윤리 자체가 상황에 따라 달라지고는 했어요. 그리고 그 달라

진 윤리 때문에 국가 전체가 혼란에 빠지기도 하는 시기였답니다. 따라서 정의는 혼란을 막고 국가의 안정을 유지하기 위한 수단이었죠. 알고 보면 플라톤의 불평등 정의론은 이런 특수한 과거의 상황 속에서 나온 것입니다.

오늘날 '공주병'이나 '왕자병' 환자라고 놀림을 받는 사람들도 플라톤의 이론에서 보면 자신의 입맛에 맞는 계급의 노릇만 하고자 하는 사람들입니다. 그들이 놀림 받아야 할 정의론적 이유는 분명합니다. 그들은 시대를 거스르는 그릇된 정의, 즉 '불의'를 지지하고 있기 때문이죠.

결과만 좋으면 그만일까?

 옳고 그른 것의 척도는 최대 다수의 최대 행복이다.

— 벤덤

1 옳음도 다 같은 옳음이 아냐

내가 공리의 말에 반대하는 아이들의 입장에 서는 바람에 반장인 공리의 제안이 받아들여지지 않자, 임원 아이들과 공리, 그리고 빛나는 나에게 인사도 하지 않았습니다. 속상하기는 했지만 그들도 나중에는 나의 마음을 알아 줄 것이라고 생각했기 때문에 참을 수밖에 없었습니다.

아무튼 우리 반은 선생님의 지시대로 급식 당번도 청소도 주번 활동도 예외 없이 모든 아이들이 돌아가며 하기로 하였습니다. 임원을 제외한 아이들은 모두 이 결정을 좋아했습니다.

"나는 너 다시 봤다. 멋있더라."

나는 나눔이의 말에 어깨가 으쓱했지만, 한편으로 임원 아이들과 사이가 좋지 않게 된 것이 마음에 걸리기도 했습니다. 하지만 내가 한 행동이 잘못되었다는 생각은 하지 않습니다. 왜냐하면 나는 내 행동이 정의로운 행동이라고 믿고 있기 때문입니다.

내 학급 번호는 29번입니다. 그래서 오늘부터 나는 일주일 동안 아니 정확히 말하면 남은 나흘 동안 주번 활동을 해야 합니다. 내 일부터는 더 일찍 와야 해요. 교실 청소와 뒷정리를 해야 하고, 아침에는 아이들이 물을 먹을 수 있게 컵도 깨끗이 씻어야 하니까요. 생각해보니 주번이 해야 할 일이 참 많습니다.

종례 시간이 되었습니다. 담임선생님께서는 이번 환경 미화에 대해서 설명해 주셨습니다.

"우리 학교는 매년 3월 마지막 주 금요일에 환경 미화 심사를 해요. 교장선생님께서는 각 학년에서 1등을 하는 학급에게 문화 상품권과 학교 앞 분식집에서 떡볶이를 무료로 먹을 수 있는 교환권 등 많은 선물을 주십니다."

선생님은 말을 잠시 멈추고 아이들의 반응을 살펴셨습니다.

"와! 떡볶이 교환권을 준대."

아이들은 정말 다양한 반응을 보였지만, 대체적으로 1등 선물이 마음에 드는 것 같았습니다.

"물론 1등을 해서 그 선물을 받는 것도 좋지만, 그것보다 더 중요한 것은 친구들과 함께 1년 동안 쓸 학급을 깨끗하게 하면서 공동체 의식을 갖는 것이에요. 특히 3월이면 좀 어수선하기도 하고 해야 할 일도 많은데 환경 미화가 서로 서먹서먹한 친구들끼리 더 친해질 수 있는 기회라고 생각해요."

담임선생님은 아이들의 눈을 차례로 바라보시면서 천천히, 그리고 자세하게 설명해 주셨습니다. 나도 선생님과 같은 생각이었습니다. 괜히 1등을 하려고 애를 쓰는 것보다는 1년 동안 쓸 우리 반을 정리한다고 생각하면 환경 미화 일도 쉽게 할 수가 있기 때문입니다. 게다가 잘 모르는 친구들과도 빨리 친해질 수 있고요.

"반장!"

이야기 도중 갑자기 선생님이 공리를 부르셨습니다.

"네."

공리가 자연스럽게 대답을 했습니다.

"선생님은 반장한테 환경 미화도 맡기겠어요."

선생님은 이번에도 우리들에게, 아니 반장에게 많은 것을 위임하셨습니다.

"반 친구들과 함께 열심히 환경 미화를 준비해 주세요."

담임선생님은 늘 그렇듯이 우리들 스스로 많은 것을 할 수 있게 기회를 주십니다. 나는 그런 선생님의 마음을 잘 알기 때문에 반장을 도와 열심히 해야겠다고 생각했습니다.

"네. 알겠습니다."

공리는 자신 있는 얼굴로 씩씩하게 대답했습니다. 그도 그럴 것이 작년에 환경 미화에서 1등을 했던 반이 공리네 반이었고, 환경 미화 부장인 왕빛나도 치장하고 꾸미는 데 천부적인 재능을 가지고 있다고 하니까 아마 우리 반이 1등을 할 것 같습니다.

우리 반 아이들은 하교 시간이 되면 두서너 명씩 모여 함께 집으로 갑니다. 아이들은 다들 환경 미화 심사 날을 기대하는 것 같았습니다. 많은 아이들이 우리 반이 1등을 할 것 같다고 말했습니다. 그러면서 김공리가 반장이 되어서 다행이라고 했습니다.

그런데 나눔이랑 같이 집에 가던 중이었습니다.

"야! 근데 우리 이제 큰일 났다."

나눔이는 아이들의 반응하고는 다른 말을 하기 시작했습니다.

"뭐가? 왜?"

나는 나눔이의 그런 모습이 놀랍기만 했습니다. 다른 아이들은 지금 상황에 만족하고 좋아하는데 나눔이는 그런 아이들하고는 다른 태도를 보였기 때문입니다.

"너도 알지? 왕빛나랑 김공리네 반이 작년에 환경 미화 1등 했던 거?"

"그럼 알지. 둘이 자기소개 할 때도 그렇게 말했잖아."

나는 당연하다는 듯이 말했습니다.

"근데 그게 말이다. 작년에 7반이었던 아이들은 다들 공리랑 빛나를 싫어했어."

나눔이는 뭔가 큰 비밀을 알고 있는 것처럼 말했습니다.

"아니 1등 해서 떡볶이도 먹고 문화 상품권도 받았을 텐데 왜 싫어해?"

나는 나눔이의 말이 이해가 안 됐습니다. 왜냐하면 아이들은 모두 그 문화 상품권과 떡볶이를 열렬히 원하고 있기 때문이죠.

"야. 고작 떡볶이 교환권이랑 문화 상품권 받으면 뭐 해? 환경 미화 한다고 돈도 많이 걷고, 환경 미화 끝날 때까진 매일 늦게까지 학교에 붙잡혀 있어야 하는데다, 시키는 일은 또 얼마나 많은데."

나눔이는 생각만 해도 싫다는 듯이 고개를 설레설레 저었습니다. 나는 그래도 1등을 하면 좋을 것 같다는 생각이 드는데 말이죠.

"뭐, 그래 봤자 2주 동안인데 그렇게 힘들겠어? 그리고 환경 미화는 다른 반도 다 하는 거잖아? 나도 해 봤지만 그렇게 힘든 줄 잘 모르겠던데. 오히려 남아서 애들하고 같이 준비하다 보면 재미있는 일이 많던 걸."

나는 나눔이의 말을 심각하게 받아들이지 않았습니다. 사실 나는 환경 미화를 그렇게 목숨을 걸면서 한 적이 없었습니다. 그냥 아이들하고 남아서 이것저것 이야기도 하고, 만들고 꾸미고 하는 것들이 좋았을 뿐이었습니다.

"야, 두고 봐라. 내일만 되면 곧 알게 될 거야."

나눔이는 아주 자신 있게 말했습니다. 하지만 나는 나눔이의 말이 무슨 뜻인지 모르겠습니다. 나눔이는 왜 저렇게 자신 있어 할까요?

"다녀왔습니다!"

약간 삐거덕 거리는 현관문을 열고 집안으로 들어왔습니다. 이 시간에 엄마와 아빠는 집에 안 계시지만 나는 돌아오면 꼭 인사를 합니다. 사진 속에 있는 내 동생 현진이와 이야기도 하고요.

"현진아, 오늘은 뭐 했어? 오빠는 며칠 전에 부반장이 되었어. 반장도 하고 싶었지만 그런 것보다 내 친구 나눔이가 나를 추천해 준 게 너무 기뻤어. 그런데 말이지, 공리라는 여자애가 있는데 도무지 이해가 안 돼. 반장이라는 지위를 이용해서 애들한테 이것저것 일이나 시키고. 반장이면 뭐든지 자기 마음대로 해도 된다고 생각하는 거 같아. 그래서 좀 속상하네."

현진이의 얼굴을 물끄러미 바라보았습니다. 내가 많은 말을 했지만 현진이의 입은 웃고 있는 모양 그대로입니다. 내 얘기가 재밌긴 재밌나 봅니다.

"너무 우리 학교 얘기만 한 거 같아. 미안해! 현진이 네가 있는 곳에는 다툼도, 갈등도 없지? 하느님이 좋은 질서를 만들어서 모두가 잘 살고 있을 거야. 그러니까 현진이 너도 잘 있겠지?"

현진이 사진을 바라보며 웃고 있는데 뒤에서 엄마의 목소리가 들렸습니다.

"우진이 왔네."

엄마가 일을 마치고 돌아오신 것입니다. 우리 엄마는 내가 학교를 가고 나면 집 근처 24시간 김밥 가게인 〈김밥천당〉에서 아르바이트를 하십니다.

"엄마! 오늘은 김밥 몇 줄이나 만들었어요?"

"너무 많이 만들어서 몇 개인지도 모르겠어. 배고프지? 밥 먹자."

"네!"

아빠는 매일 늦게 오시기 때문에 엄마와 나는 저녁을 거의 둘이서만 먹는답니다. 그래서 가끔 아빠와 함께 온 가족이 둘러 앉아 밥을 먹으면 밥맛도 더욱 좋고 말도 더 많이 하게 돼요. 아, 그렇다고 엄마에게 무뚝뚝한 아들은 아니랍니다. 동생의 빈자리까지 채우려면 늠름하면서도 귀여운 자식이 되어야겠죠?

"엄마는 일할 때 어떤 손님이 제일 싫어요?"

냉장고에서 반찬을 꺼내며 엄마에게 물었습니다.

"음, 무조건 많이 달라고 하는 손님이랑, 음식을 너무 많이 남기고 가는 손님. 싫다고 할 수는 없는데 그렇게 안 했으면 좋겠어."

엄마의 말을 들은 순간 너무 찔렸습니다. 친구들과 학교 앞 분식집에서 뭘 사 먹을 때 난 아주머니에게 항상 많이 달라고 말하거든요. 나 같은 손님이 엄마는 싫으신가 봐요. 앞으로 어디 가서 그런 행동은 하지 말아야겠어요.

"많이 달라고 하면 더 줄 수도 있어. 하지만 같은 가격에 같은 음식을 시켜 먹는 다른 손님들과 비교해 봤을 때 불공평하지 않니? 음식 값에도 그 음식에 알맞은 가격이 책정되어 있는 거란다. 만약 너랑 나눔이가 같이 떡볶이 집에서 떡볶이를 1인분씩 먹었어. 그런데 나눔이가 '많이 주세요!' 라고 했다고 네 것보다 떡이 3개가 더 많은 거야. 그럼 넌 기분이 어떨 것 같니?"

앗, 나는 떡볶이를 무척 좋아합니다. 그런데 나눔이가 그렇게 한마디 했다고 나보다 떡볶이 양이 많다면……?

"저 그 가게에 다시는 안 갈래요. 왜 같은 돈을 내는데 누구는 적게 주고, 누구는 많이 줘요?"

"그래. 정해져 있는 가격에 정해져 있는 양이 다르다면 그 가게는 신뢰가 떨어지겠지. 많이 달라는데 그렇게 하지 않는 것도 좀 야박해 보이고. 그래서 엄마가 좀 힘들단다. 호호호."

엄마의 일도 많이 힘들 것 같습니다. 반나절을 서서 김밥을 말아야 하니까 다리도, 손목도 아프실 거예요. 그런데 말이죠, 만약 나보다 나눔이가 떡볶이를 훨씬 좋아하고 집이 가난해서 먹을 것이

부족한 친구라면 제가 기분 나빠 했을까요? 아닐 것 같습니다. 차라리 내 떡볶이를 나눔이에게 덜어 주거나 가난한 친구들에게 떡볶이를 많이 주는 그 분식집을 칭찬할 거 같은데요.

"엄마, 엄마. 그럼 만약 노숙자나 소년소녀 가장이 많이 달라고 해서 많이 주는 것도 안 좋은 거예요?"

"엄마의 마음이야 한 솥 만큼 주고 싶지! 하지만 엄마가 식당 주인이 아니잖니. 실은 얼마 전에 네 또래 여자애가 동생을 데리고 왔더라고. 동사무소에서 도시락을 주는 모양인데 한참 클 아이들이 그걸로 되겠니? 김밥 한 줄을 둘이서 나눠 먹으려고 하는데 볼 수가 있어야지. 쯧쯧."

"그래서요?"

"마침 사장님이 없었거든. 김밥 한 줄이랑 라면 두 그릇을 더 만들어서 줬지. 계산은 엄마가 하고."

"와! 우리 엄마 좋은 일 하셨네요?"

역시 봉사 정신이 뛰어난 우리 엄마입니다. 솔직히 우리도 좀 가난한 형편에 속하는데 엄마는 다른 사람들도 잘 챙기는 따뜻한 분이랍니다. 아! 자랑스럽습니다. 모두가 정확한 가격과 정확한 양으로 나누는 것도 좋지만 이렇게 불우한 이웃들에게는 내가 가진 것을 더 주거나 그들도 만족할 수 있는 삶을 가질 수 있다면 이 사회는 얼마나 정의로울까요?

 밥상이 다 차려지고 엄마와 나는 밥을 먹기 시작했습니다. 급식만큼 반찬 가짓수가 많거나 고기, 햄이 있는 것은 아니지만 엄마의 정성과 사랑이 담긴 밥상은 딱 내 입맛입니다. 국을 한 숟갈 떠먹는데 엄마가 말했습니다.

"그런데 우진이 너는 부반장 일은 할 만하니?"

"네? 음…… 아니요, 실은 반장이랑 사이가 좀 틀어진 것 같아요."

"아니, 왜?"

 엄마는 평소 아이들과 잘 지내는 내가 누구와 사이가 좋지 않다는 말을 듣자 놀라신 모양입니다. 나는 오늘 있었던 일과 급식 당번 얘기를 했습니다. 엄마는 공리가 당돌하다면서 웃으셨습니다.

"엄마 생각에는 공리가 꼭 반장이라서 특권 의식을 가진 것은 아닌 것 같구나. 물론 처음에는 반장이 되었으니 자기가 이런저런 하고 싶은 일들을 했겠지. 하지만 환경 미화 준비하는 것 봐. 그게 공리 혼자 좋자고 하는 건 아니잖니."

엄마는 꼭 공리 편을 드시는 것 같았습니다. 내가 생각한 건 이게 아닌데 말이죠.

"하지만 그런 반장의 주장이 우리 반 친구들을 힘들게 할 수 있어요. 무조건 1등을 하고 상을 타기 위해서만 일하는 것 같잖아요."

"물론 그건 잘못됐지. 하지만 사람마다 올바르다고 생각하는 것에는 조금씩 차이가 있단다. 공리가 옳다고 생각하는 것과 네가 옳다고 생각하는 것에서 차이가 생겼으니 지금 사이가 좀 불편한 거지. 공리가 나쁜 마음으로 그런 건 아닐 거야. 단지 자기가 옳다고 생각한 것이 다른 사람들에게 얼마나 많은 피해를 줄 수 있는지를 미처 깨닫지 못한 거지. 하지만 조금만 시간이 지나면 곧 공리도 깨달을 수 있을 거야."

공리가 곧 깨달을 수 있을 거라고요? 나눔이는 곧 우리 반이 힘들어질 거라고 했는데. 과연 엄마와 나눔이 중 누구의 말이 맞을까요?

2 환경 미화 비용이 일인당 5천 원?

오늘은 수요일.

수요일만 되면 난 아주 신이 납니다. 왜냐하면 우리 학교는 수요일마다 수업을 4교시까지만 하기 때문입니다. 나는 수요일이면 점심을 먹고 나서 친구들과 운동장에서 놀다가 집에 갑니다. 다른 날은 친구들이 집에 갔다가 바로 학원에 가야 하기 때문에 놀 시간이 없는데 수요일만큼은 2시간씩 축구를 하거나 농구를 하는 아이들이 있어서 함께 놀 수 있습니다.

아니, 그런데 이게 무슨 날벼락 같은 이야기입니까? 수업이 다 끝나고 종례 시간이 되자 공리가 아이들에게 선생님의 지시사항을 알려 주면서 이렇게 말하는 것이 아니겠어요.

"오늘이랑 다음 주 수요일은 모두 남아서 대청소를 하도록 하겠습니다. 환경 미화를 대비해서 그러는 것이니 모두 점심을 먹고 3시까지 남아 주세요. 그리고 임원들이랑 아까 환경 미화를 도와주겠다고 했던 학생들은 대청소 이후에도 남아서 주변 정리를 할 겁니다. 모두 남아 주세요."

아이들 대부분이 싫은 표정을 짓거나 우우 소리를 냈습니다. 그러나 공리의 단 한마디에 조용해졌습니다.

"조용, 조용! 모두 환경 미화에서 1등 하기 싫어?"

공리는 날카롭게 소리치면서 말했습니다.

"그리고 내일까지 모두 환경 미화 비용으로 5천 원씩을 내세요. 임원들은 만 원을 내고요. 그 돈은 미화 부장인 왕빛나에게 내시면 됩니다."

아니 이건 또 무슨 소리람? 환경 미화 비용이라니?

공리의 횡포는 날이 갈수록 심해지는 것 같습니다. 이번에는 아예 임원들하고 상의도 하지 않았습니다. 빛나와 둘이서 다 정해 놓고 종례 시간에 일방적으로 말을 전달한 것입니다.

이번에도 반대하는 아이들이 생겼습니다. 몇 명의 아이들은 수요일에는 집에서 과외를 한다면서 집에 빨리 가야 한다고 말했습니다. 또 몇 명은 환경 미화 비용으로 내는 5천 원이 너무 많다며 반발하였습니다. 작년에 공리, 빛나와 같은 반이었던 아이들도 작년에는 3천 원이었는데 왜 올해는 5천 원씩이나 내야 하냐면서 화를 냈습니다.

이번에는 학습 부장인 미래도 공리의 말에 불만스러운 얼굴을 하며 이의를 제기했습니다.

"맞아요. 너무 많이 내는 것 같아요. 우리 반이 30명이나 되는데 5천 원씩이나 걷어서 어디다 써요? 또 저는 왜 만 원을 내야 합니까? 일도 더 해야 하는데."

미래는 작년에 자기 반은 천 원씩 냈는데도 2등을 했다고 했습니다. 그리고 돈을 많이 걷는다고 환경 미화를 꼭 잘하는 것은 아니라고 말했습니다.

"작년에 우리 4반은 3천 원씩을 걷었지만 돈이 좀 모자랐습니다. 게다가 그때는 커튼이랑 화분은 커튼 가게를 하는 친구와 농원을 하는 친구가 있어서 거의 공짜로 받았는데, 이번에는 그런 친구들도 없기 때문에 우리가 다 사야 해서 돈이 더 많이 듭니다."

빛나는 일목요연하게 자기네 반을 예로 들어서 말하였습니다.

"다 우리 반이 잘 되자고 하는 것이니까 제 말에 따라 주세요."

게다가 공리가 거듭 부탁을 하니까 우리 반 아이들은 어쩔 수 없이 공리의 말에 따르기로 했습니다. 그러나 역시 마음에는 불만이 남아 있었습니다. 황금 같은 수요일에 남아서 청소를 해야 한다는 것에 아마 더 속이 쓰렸을 것입니다. 특히 운동을 좋아하는 체육부장 강인이는 거의 화를 내다시피 했습니다.

그렇지만 이제는 공리와 빛나의 억척스러움에 미래와 강인이도 손을 놓아 버린 것 같았습니다.

역시 나눔이의 말이 조금씩 맞아 들어가고 있었습니다. 그러나 공리와 빛나도 모두 우리 반이 환경 미화에서 1등이 되었으면 하는 바람으로 저러는 것이니 반대하고 싶지는 않았습니다. 그래서 저는 그냥 조용히 반장인 공리의 말을 따르기로 하였습니다.

남자 아이들은 좋아하는 운동을 못해서 섭섭하게 생각했지만 그래도 다들 열심히 청소를 하였습니다. 그래서 3시가 되기 전에 대청소를 마칠 수가 있었습니다. 청소가 끝나고, 다른 아이들은 모두 집에 돌아가고 임원들만 교실에 남았습니다.

나눔이도 나를 도와주겠다면서 교실에 남았습니다. 학원에는 4시까지만 가면 되기 때문에 1시간 더 학교에 남아 있어도 된다는 것입니다.

"자, 이제부터 임원들이 자기가 맡아서 해야 할 것들을 나누어 보자."

공리가 역시 반장답게 나서서 이야기를 시작하였습니다.

"나는 이번 주까지 커튼이랑 화분을 사서 예쁘게 꾸며 놓을게. 쓰레기통 꾸미는 거랑 예쁜 소품 만드는 것도 내가 할게."

미화 부장인 빛나는 먼저 자기가 할 일을 말했습니다.

"그럼 나는 칠판 오른쪽의 시간표랑 학습란을 꾸밀게. 학습 부원들이랑 나누어서 하면 될 것 같아."

미래도 학습 부장답게 학습에 관련된 일을 맡았습니다.

"그럼 빛나가 청소까지 지도하기 힘들 테니까 나는 남자 애들 시켜서 교실이랑 창문, 복도 청소를 맡을게."

체육 부장인 강인이가 말했습니다.

"부반장 너는 뭘 할 거니?"

공리가 물었습니다.

그런데 나는 뭘 해야 할지 잘 몰라서 대답을 하기가 어려웠습니다.

"우진이는 주번이잖아. 주번 활동 하느라고 바쁠 테니까 쉬운 걸로 시켜 줘."

나눔이가 내 대신 말했습니다.

아무 말도 못하고 긴장한 상태였는데 나눔이가 도와주어서 조금 마음이 놓였습니다. 나눔이의 말을 듣고 잠시 생각하던 공리는 나를 쳐다보며 말했습니다.

"그럼 나는 책상 커버를 씌울게. 분단 별로 한지랑 아세테이트랑 싸서 압정으로 고정하는 것 말이야."

역시 공리는 많은 생각을 하고 있었습니다. 그런데 30개나 되는 책상을 다 씌우려면 어려울 것 같은데요. 명색이 부반장인데 반장인 공리만 힘든 일을 하게 하는 것 같아서 공리에게 미안하다는 생각이 들었습니다.

"혼자 하면 힘들 텐데 내가 도와줄게."

"아니, 뭐 그런 간단한 일을 가지고. 내가 혼자 할 수 있어. 너는 그럼 앞에 태극기랑 교훈, 급훈 좀 새로 바꿔 줄래?"

나는 공리의 제안을 받아들여 태극기와 교훈, 급훈을 새로 바꾸는 일을 맡기로 하였습니다.

3 난장판이 된 우리 반, 반장이 사라지다

그 다음 날 아침이었습니다. 주변 활동으로 외곽 청소를 하고 반으로 돌아오는데 반 분위기가 이상했습니다.

"야, 김공리! 너 장난해?"

어제 환경 미화를 도와주겠다고 남았던 아이들 중 한 명이 화를 내고 있었던 것입니다.

내용의 요지는 이렇습니다. 공리는 어제 몇 명의 아이들에게 교실에 붙일 그림을 그려 와 달라고 부탁하였습니다. 그리고 또 몇 명에게는 소품 몇 개를 만들어 오라고 시켰습니다. 그런데 그 아이들이 정성스럽게 만든 그림이랑 물건이 마음에 들지 않는다고 그림도 다른 반에서 빌려 오자고 하고 소품도 아예 새로 사서 장식을 하자고 한 것입니다.

게다가 처음부터 공리는 미화 부장인 빛나에게 따로 장식할 소품을 몇 개 사 오라고 시켰던 거죠.

"아니, '우리들의 솜씨' 란인데 어떻게 상을 탄 다른 반 친구들의 작품을 전시하려고 하냐?"

공리에게 비난이 쏟아졌습니다.

"야, 환경 미화 심사에서 뒤에 붙은 그림도 얼마나 중요한지 알아? 이왕이면 잘 그린 그림을 전시하면 좋잖아?"

공리는 나름대로 환경 미화에서 이기기 위해서 그런 방법을 선택한 것 같았습니다.

"그게 말이 되냐? 그렇게 할 거면 제목부터 바꿔. 그리고 우리한테 그림에 소품까지 만들어서 가져 오라고 해 놓고 왜 니들 마음대로 바꾸는 거야? 피곤하다, 정말."

아이들은 어제 밤늦게까지 그림을 그리고 만들기를 하느라 잠도 제대로 자지 못했다면서 공리와 빛나를 맹렬히 비난했습니다.

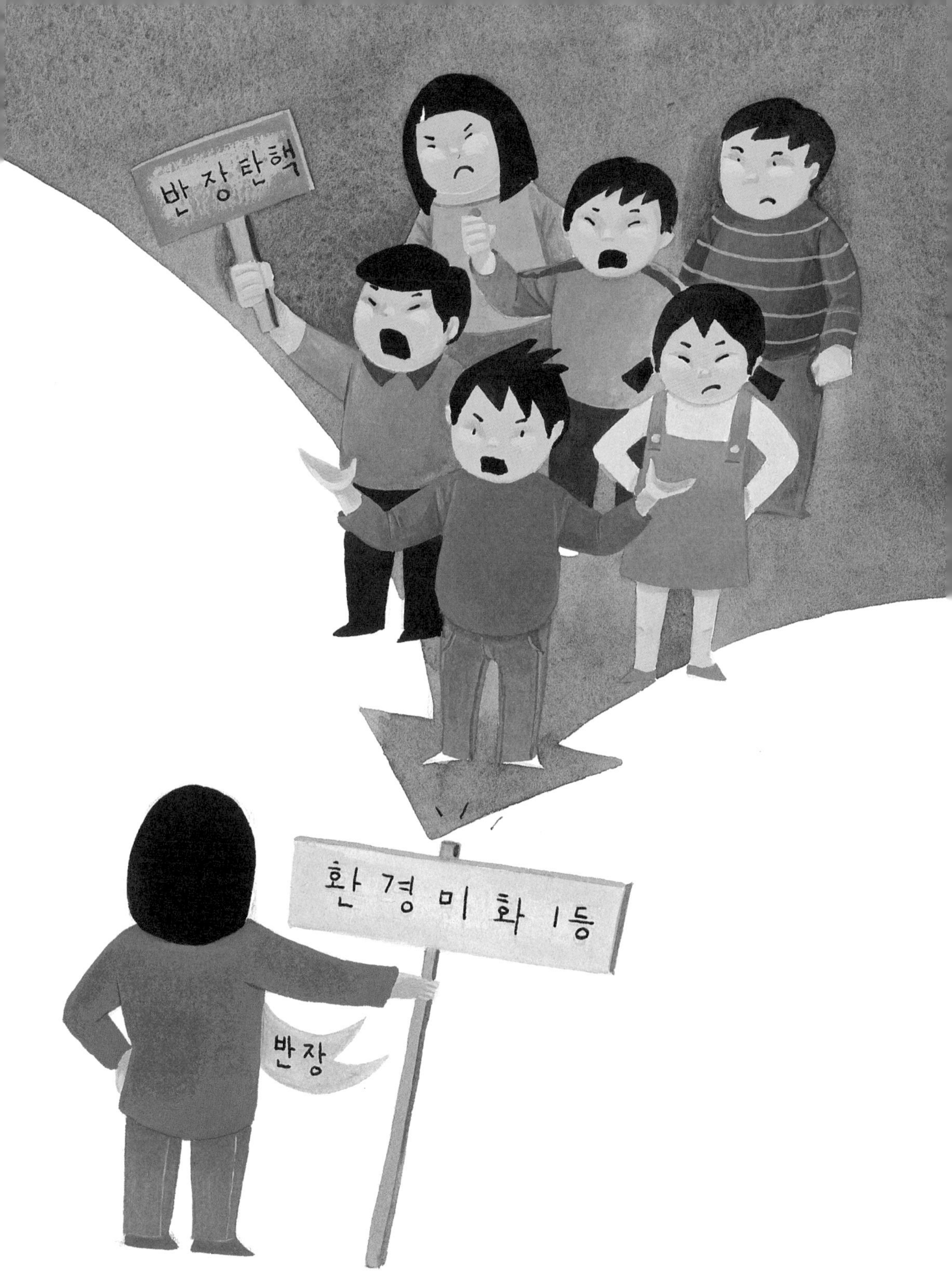
반 장 탄 핵
환 경 미 화 1등
반장

그리고 한 가지 문제가 더 있었습니다. 환경 미화 비용으로 5천 원씩이나 거뒀으면서 또 아이들에게 내일 아침까지 아세테이트랑 한지를 한 장씩 사 오라고 한 것입니다. 그것도 분단별로 왼쪽은 분홍색, 중앙 분단은 노란색, 오른쪽 분단은 하늘색을 사 가지고 오라나요.

거기에다 공리는 자기가 하겠다고 했던 책상 씌우는 일까지 아이들 각자 하라고 하였습니다. 그러니 실제적으로 반장인 공리가 하는 일은 아이들이 잘 하는지 감독만 하면 되는 것이었습니다. 그리고 또 공리는 오늘부터 환경 미화 심사가 끝날 때까지 모두 방과 후에 남으라고 하였습니다.

아이들은 다들 불만이 많았습니다. 첫날에도 청소했고 어제도 대청소를 했는데 왜 자꾸 남으라고 하는지 모르겠다는 아이들이 많았습니다. 그러나 환경 미화 1등을 위해서는 남아서 청소를 해야지 하는 친구들도 있었습니다. 아이들은 청소까지는 괜찮다고 생각하는 것 같았습니다.

그런데 오늘 공리가 한 행동은 너무나 큰 실수였습니다. 자기가 하겠다고 하던 책상 씌우는 일을 쉽게 아이들에게 떠넘기려다가 아이들의 원성을 산 거죠.

"정말 손도 안 대고 코를 풀려고 한다니까."

나눔이는 어디서 배웠는지 유식한 말을 내뱉었습니다.

"야. 너는 아무래도 반장 자질이 없는 것 같아."

우리 반을 위해 열심히 그림을 그렸던 진현이가 공리에게 말했습니다.

"뭐야? 반장이 될 자질이 없다니? 너네는 내가 반장으로서 필요해서 뽑은 거 아니니? 모두가 잘 되자고 하는 일인데 왜 그래? 나 혼자 이익 챙기려고 하는 것도 아니고 우리 5학년 4반을 위해서, 환경 미화 1등 해서 모두가 좋으라고 하는 거라고. 환경 미화의 실질적인 일은 빛나가 알아서 하지만 그 위에서 내가 지휘를 하고 있어. 지금은 다들 조금 힘들겠지만 1등 해서 상 타고 나면 훨씬 좋아질 거야."

공리도 이제는 화가 났는지 목소리가 커졌습니다.

"야, 됐어. 대통령도 탄핵하는데 우리가 반장 하나 못 자를 것 같아?"

진현이는 어제 그림을 그리고, 소품 만들기를 한 다른 친구들과 함께 공리에게 대항했습니다.

"그래서 지금 나보고 어떻게 하라는 거야?"

공리의 목소리가 떨렸습니다. 아마 공리가 반장을 하면서 이렇게 힘든 일은 처음이었을 것입니다.

"다른 것 말고, 너 환경 미화 끝날 때까지 아예 반장 일을 하지 말고 다른 애한테 맡겨."

진현이는 큰 목소리로 자기의 생각을 말했습니다.

"다른 애한테 맡기라고?"

"투표해서 된 반장이니까 자르는 건 그렇고, 그냥 우리 좀 덜 피곤하게 해 줬으면 좋겠거든? 그러니까 너 잠깐 쉬라고."

진현이도 공리에게 화가 많이 난 것 같았습니다.

"야, 공리 없이 너희가 잘 할 수 있을 것 같아?"

빛나가 진현이의 말을 받아쳤습니다.

"하, 애들이 쉬라고 하면 그렇게 할게."

공리는 욱하는 마음이 들었는지 이렇게 말하였습니다.

나는 공리와 진현이, 그리고 빛나와 몇 명의 아이들이 엉켜서 싸우는 광경이 참 보기 사납다고 생각했습니다.

"야, 공리가 환경 미화 끝날 때까지 좀 쉬었으면 하는 사람 손들어 봐."

진현이는 아이들에게 단도직입적으로 물어보았습니다.

예상보다 더 많은 아이들이 진현이의 편을 들어 주었습니다. 그 전에 있었던 당번 사건에다 오늘 그림과 만들기 사건으로 공리를 좋지 않게 생각한 아이들이 많았나 봅니다.

게다가 많은 돈을 환경 미화 비용이라고 걷어 놓고선 아이들에게 또 각자 알아서 책상을 씌우라고 한 것과 환경 미화 끝날 때까지 계속 남으라고 한 것까지 많은 것들이 아이들의 마음을 진현이의 마음처럼 화나게 만들었던 것입니다.

"그럼, 부반장이 이제부터 반장 대신 환경 미화 좀 신경 써 줘."

진현이는 나에게 명령조로 말하였습니다. 나는 아이들이 정한 규칙을 거부할 수가 없었습니다. 그렇지만 한편으로 공리에게 미안한 마음이 들었습니다.

4 내가 반장 역할을?

선생님께서 우리 반에 불어 닥친 폭풍 같은 일을 알아 버리셨습니다. 말이 많은 친구 몇 명이 아이들이 싸운다면서 선생님을 모시러 교무실로 갔던 것입니다. 선생님께서는 우리들의 행동을 계속 지켜보고 계셨습니다. 그런데 이상하게도 우리를 혼내지 않으셨습니다.

"원래 학급 일을 하다보면 안 좋은 일도 있을 수 있고, 이런저런 일이 다 있습니다. 여러분도 그런 과정을 겪고 있는 것 같군요."

아이들은 모두 조용히 고개를 숙이고 있었습니다.

"하지만 선생님은 이번 일로 여러분을 실망스럽게 생각하기 보다는 좋은 쪽으로 생각하려고 합니다. 먼저, 환경 미화 기간까지 여러분의 뜻대로 반장 자리는 비워 두기로 하겠습니다. 반장이 학급 학생들에게 지지를 못 받는다는 건 분명 문제가 있는 일이기 때문입니다."

진현이와 몇 명의 친구들은 자신들의 편을 들어주는 선생님을 향해 미소를 날렸습니다. 그러나 공리는 금방이라도 눈에서 눈물이 떨어질 것만 같았습니다. 그래도 공리는 울지 않았습니다. 나는 여태껏 저렇게 씩씩한 여자 아이는 처음 보았습니다.

"부반장!"

"네!"

나는 짧게 대답했습니다.

"그럼 지금부터는 부반장이 반장의 역할을 대신해서 환경 미화 심사 날까지 일을 합니다. 알겠어요? 그리고 환경 미화 심사가 끝난 뒤에 반장의 자리를 어떻게 할지 다시 정하도록 하겠습니다."

아이들은 모두 선생님의 말씀에 알겠다고 대답했습니다.

1, 2교시는 학급 회의 시간이 되어 버렸습니다. 학급 회의가 끝

나고 우리 반은 학급이 새로 구성된 것처럼 분위기가 확 변했습니다.

갑자기 많은 고민이 밀려왔습니다. 부반장인 내가 반장의 역할까지 맡게 된 데다, 공리의 빈자리는 더욱 부담이 되었습니다. 작년에 반장을 해 보긴 했지만 공리는 내가 알던 반장들하고는 다른 구석이 있습니다. 그런 공리 대신에 내가 잘 할 수 있을까요?

종례 시간이 되었습니다.

선생님께서 오늘은 수업 시간에 떠들어서 걸렸던 친구들 몇 명만 남아서 청소를 하도록 시키셨습니다. 나는 주번이라서 남아 있었고요.

나는 아무래도 선생님께 도움을 청해야겠다고 생각했습니다. 그래서 나는 아이들이 다 갈 때까지 기다렸습니다. 그리고 교실 문을 잠근 후 열쇠를 가지고 교무실로 갔습니다.

'그런데 선생님께는 뭐라고 해야 할까. 못한다고 말해야 하나?'

나는 모든 상황이 고민스러웠습니다. 그리고 혼자 아이들을 이끌어 나갈 자신도 없었습니다.

"선생님!"

교무실에서는 선생님이 책상 앞에서 책을 읽고 계셨습니다.

"어, 우진이 왔니?"

선생님은 나를 다정하게 반겨 주셨습니다. 그리고는 근심이 가득한 나의 표정을 바라보셨습니다.

"저는 반장을 대신할 자신이 없어요, 선생님. 아까는 아이들이 있어서 말씀드리지 못했는데 공리보다 잘 할 자신도 없고, 우리 반 아이들의 입장을 모두 어떻게 공평하게 반영해서 반을 운영해 나갈지도 고민이에요."

선생님은 내 손을 잡아 당기셨습니다. 그리고 옆에 있던 의자를 끌고 와서는 나를 앉게 하셨습니다.

"우진아! 누구나 자신의 역할에 대해서 약간의 불안감을 가지고 있단다. 특히 너는 부반장이었다가 반장 역할을 하려니까 더 그럴 거야."

선생님은 내게 이렇게 말씀해 주셨습니다.

"너 작년에도 반장을 했었다고 선생님이 알고 있는데, 작년에 하던 대로 하면 되잖아?"

"사실 작년 저희 반 선생님은 저희가 해야 할 일들을 거의 대부분 먼저 말씀해 주셨거든요. 그런데 선생님은 반 아이들과 임원들이 스스로 알아서 하는 걸 좋아하시는 것 같아서요."

나는 선생님께 느꼈던 선생님에 대한 인상을 말씀드리고야 말았습니다.

"와, 그런 선생님의 속뜻도 알아차리고 대단한 걸. 거봐, 우진이는 벌써부터 남의 마음을 이해하고 알아주는 능력이 있잖아."

선생님의 목소리 톤이 약간 간 것이 기분이 좋아 보이셨습니다. 그리고 선생님은 책을 한 권 꺼내셨습니다.

《공정으로서의 정의》라고 적혀 있는 그 책은 두껍고 글씨가 많은 책이었습니다. 선생님은 그 책 속에서 사진 한 장을 보여주셨습니다. 사진 속에는 깡마른 외국인 아저씨가 서 있었는데 오른쪽 팔꿈치는 책꽂이에 기대어 있고, 왼쪽 손은 바지 주머니에 넣고 있었습니다.

"이 사람이 누군데요?"

나는 그 사람을 쳐다보면서 선생님께 여쭈어 보았습니다.

"존 롤즈라는 사람이란다. '정의'에 대해 말한 사람들 중에서 최고라고 할 수 있지."

선생님은 존 롤즈의 사진이 실린 책을 나에게 내밀어 더 자세히 볼 수 있게 해 주셨습니다.

"우진이는 정의가 뭐라고 생각하니?"

'정의? 정의로움? 나는 정의를 뭐라고 생각하고 있었지?'

"……."

나는 아무 대답도 할 수가 없었습니다. 선생님은 잠시 내가 대답을 할 수 있게 기다려 주셨습니다. 그러다가 내가 아무런 대답을 하지 못하자 말을 이으셨습니다.

"우리가 공평하다, 정의롭다, 이런 말을 많이 쓰잖아? 그런데 사람마다 이 말의 의미가 약간씩 다르단다."

"전, 정의롭다고 하면 항상 옳은 것, 착한 것, 좋은 것, 뭐 그런 게 떠오르는데요."

나는 선생님께 전부터 갖고 있던 정의에 대한 나의 생각을 말씀드렸습니다.

"아, 우진이도 잘 알고 있네. 정의라는 것."

선생님은 내게 아무래도 이 책에 담긴 정의의 뜻에 대해 이야기해 주실 것 같았습니다.

나는 그런 선생님의 말씀이 듣기 좋았습니다.

"플라톤이라는 사람에 대해 들어 봤니?"

선생님은 또 다른 질문을 하셨습니다.

"네. 들어는 봤어요! 고대의 철학자죠?"

"그래, 맞아. 플라톤은 정의는 지혜, 용기, 절제의 완전한 결합이라고 말했어. 말이 좀 어렵기는 하지만 선생님 생각엔 정의라는 것을 행하려면 지혜와 용기와 절제가 필요한 거라는 말인 것 같아."

선생님께서는 플라톤의 정의에 대해서도 말씀해 주셨습니다. "우리가 정의라는 말을 할 때, 공리주의니 자유주의니 평등주의니 뭐 그런 말들을 함께 사용하거든? 쉽게 말하자면 우리 반 김공리는 공리주의자인 거지."

선생님의 말씀을 듣고 있다가 나는 웃어 버렸습니다.

'김공리는 공리주의자?'

"하하, 내 말이 조금 웃기긴 하네. 그러니까 공리가 우리 반이 환경 미화에서 1등을 하기 위해 애쓴 행동들은 공리주의자다운 행동이라는 거야."

나는 선생님의 말씀에 빠져 들고 있었습니다.

"반장 김공리가 가지고 있는 정의로움이라는 것은 우리 반의 이익과 행복을 추구하는 것이면 뭘 해도 다 괜찮다는 식이야. 그게 잘못된 건 아니지만 이익만을 추구하다 보면 과정은 무시한 채 결과에만 집착하게 되어 버리는 거지."

선생님은 공리주의에 대해 그리고 공리의 행동에 대해 자세히 설명해 주셨습니다. 그러나 어떤 평가도 내리려고 하지는 않으셨습니다. 그냥 제가 그걸 이해했으면 하고 바라시는 것 같았습니다.

"선생님! 우리 반에 이익과 행복이 되는 것만을 추구해서는 안 되는 거라면, 환경 미화도 1등만을 쫓으면 안 되겠네요?"

나는 선생님께 이렇게 말했습니다.

"맞아. 결과만 쫓으면 안 되겠지?"

선생님이 말씀하셨습니다.

"공리주의에 따르다 보면 자유니 평등이니 하는 것들이 다칠 수가 있어. 그런데 정의로움에는 이러한 자유와 평등이라는 개념들도 중요하거든."

자유와 평등이라는 단어가 나오니까 머리가 좀 복잡해졌습니다.

"존 롤즈는 인간이 기본적인 자유와 균등한 기회를 가지면서 가장 어려운 사람에게 최대한 이익이 돌아가야 한다고 생각했어. 가장 어려운 사람에게 최대한 이익이 돌아가려면 어떻게 해야 할까?"

선생님의 갑작스러운 질문에 나는 좀 당황해서 말했습니다.

"잘 사는 사람이 나눠 주면 되죠."

"그래, 그것도 맞는 이야기고 복지 방법의 하나라고 할 수 있지. 그런데 잘 생각해 봐. A, B, C, D 네 사람이 있고 100만 원이라는 한정된 금액에서 그 사람의 신분에 따라 차등적으로 돈이 지급된다고 가정해 보자. 예를 들어 왕은 50만 원, 관리는 30만 원, 백성은 15만 원, 노예는 5만 원이 지급되는 거야. 그런데 A, B, C, D는 자기가 태어날 때 어떤 신분을 가지게 될지 전혀 모르는 상태야. 왕이 되어서 50만 원을 받을지, 노예가 되어서 5만 원을 받을지 모르지. 자, 그럼 차등으로 지급되는 돈이 앞의 것과 같지 않고 왕은 30만 원, 관리는 26만 원, 백성은 23만 원, 노예는 21만 원이라고 가정해 보자. 만약 우진이 네가 A, B, C, D 중 한 사람이라면 어느 쪽을 택하겠니?"

네 사람, 차등 지급, 신분에 따라? 너무 복잡한 것 같습니다. 그런데 확실히 알 수 있는 것은 두 번째 방법은 지급되는 돈이 많이 차이 나지 않고 골고루 분배되는 것 같은데, 첫 번째 방법은 신분에 따른 차이가 너무 큰 것 같아요. 태어났을 때 왕이 아니라 노예로 태어나면 어쩌죠? 그러면 전 굶어 죽어야 하나요? 그래요, 차라리 그럴 바에는 모두가 비슷하게 돈을 가지는 게 더 낫겠어요.

"전 두 번째 방법이요. 제가 혹시나 노예로 태어나면 어떡해요."

"그렇겠지? 존 롤즈는 서로에 대해 사회적 지위도 성격도 아무 것도 모르는 상태에서 모든 사람들에게 분배 원칙이 적용되어야 한다고 생각했어. 바로 원초적 입장에 서 있는 사람들이 최소 수혜자, 즉 가장 이득이 적을 것 같은 사람에게 최대의 이득이 돌아가도록 원칙을 만드는 거야. 그렇게 하려면 사람들이 무지의 베일을 써야겠지?"

"무지의 베일이요?"

무지의 베일이 무슨 말일까요? 무지는 아는 게 없는 것이고, 베일은 뭘 감춘다는 뜻인가요?

"원초적 상태에 있기 위해서는 사람들이 무지해야 한다는 거야. 즉, 무지의 베일이란 상대방에 대한 지식을 없애는 일종의 가상 도구란다. 이 도구를 가지고 최선의 방법을 고민할 수 있어. 사람들은 어떤 상황에 부딪혔을 때 가장 힘들고 어려운 상황을 생각하면서 최선의 방법을 고민하지. 그러니까 우진이는 어떤 일이든 최선의 방법이 무엇인지를 고민해야 해. 그리고 뭐든지 고민을 한 뒤에 결정하면 아마 모든 일이 좋은 쪽으로 흘러 갈 거야."

선생님께서 덧붙여 말씀해 주셨습니다.

"최선의 방법이요?"

나는 최선의 방법이라는 말이 마음에 들었습니다. 뭐든지 최선을 다한다는 것은 신뢰가 가니까요.

"제가 지금 처해 있는 상황에서의 최선의 방법을 말씀하시는 거죠? 우리 반의 현재의 상황 속에서요?"

선생님의 말씀이 뜻하는 바가 무엇인지를 알 수 있을 것 같았습니다. 그리고 속으로 너무나 기뻤습니다.

이제 내일부터는, 아니 지금부터는 반장이 없어도 환경 미화 심사를 위해서 최선을 다하자고 다짐했습니다. 솔직히 내가 자신이 없었던 것은 처음부터 반장으로 뽑힌 것이 아니라서 친구들의 지지를 받지 못하는 게 아닐까 하는 불안감 때문이었습니다.

만약 내가 반장이었다면 나는 공리와는 다른 방식으로 우리 반을 운영했겠죠? 더 열심히 했으면 좋았을 거라는 후회도 있었지만 작년에는 그런 반장 역할을 무난히 해냈었으니까요.

이제는 아이들도 나에게 도움을 청하고 있고 반장인 공리도 자신이 약속한 대로 환경 미화 심사까지는 참견하지 않기로 했으니 나만의 방식대로 환경 미화 준비를 해 나갈 것입니다.

목적론 다시보기

목적론은 우리가 어떤 것을 실현하기 위해 힘을 쏟아야 할 객관적이며 절대적인 목적이 있다고 믿는 이론입니다. 어떤 행동이 옳으냐 혹은 그르냐 하는 문제는 그 행동이 목적을 달성하는 데 얼마나 도움이 되느냐에 따라 판단됩니다. 그러므로 목적론적 윤리설의 근본적 문제는 '인생에서 가장 중요한 목적이 무엇인가?' 입니다. 한편 목적론은 결과의 내용에 따라 행위의 옳고 그름을 판단해요. 이것은 동기보다 결과를 중시하는 결과론적 윤리설에 가깝죠. 목적론은 언제나 가장 좋은 결과를 가져오는 행동을 해야 해요. 따라서 도덕 법칙을 지키고 어기는 문제를 가장 중요한 것으로 생각하지 않아요.

공리주의와 현대 정의론의 관계

공리주의는 행위가 가져온 행복과 고통의 정도에 따라 옳고 그름을 판단하는 것이라고 했죠? 하지만 공리주의는 혼자서 이익을 챙기려

는 이기주의와는 달라요. 공리주의는 자신의 행복만을 만족시키는 것이 아니라 '최대 다수의 최대 행복'이라는 공공의 이익을 목표로 한다는 점이 중요해요. 그런데 공리주의에 반대하는 사람들의 목소리를 들어 보면 많은 사람의 큰 행복 뒤에는 고통과 아픔이 숨어 있는 경우가 많다고 해요.

현대 정의론은 "모든 사람들이 잘 되게 하기 위하여 특정한 일부가 손해를 감수해야 한다는 것은 편리한 발상이지만, 정의롭다고 볼 수는 없다."고 공리주의를 비판합니다. 왜냐하면 공리주의에서는 개인의 권리나 요구가 다수 사람들이 생각하는 '행복'에 의하여 제한될 수 있기 때문이죠. 그렇기 때문에 현대 정의론은 '좋음'(최대 다수의 최대 행복)에 앞서 반드시 지켜야 할 '옳음'(보호해야 할 소수 개인의 기본권)이 있다고 보는 점에서 의무론에 속해요. 그렇지만 현대 정의론은 '좋음'에 앞선 '옳음'을 직관적으로 알 수 있다고 보지 않는다는 점에서 기존의 의무론과는 달라요. 오히려 공리주의적이죠. 다시 말해 현대 정의론의 기본적 성격은 의무론에 속하지만 방법 면에서 보면 공리주의에 가깝습니다. 현대 정의론이 공리주의를 비판하는데도 불구하고 두 이론이 혼동되는 이유는 여기에 있어요.

현대 정의론은 자유와 평등이 공리주의에 의해 침해받을 수 있다고 생각해요. 자유와 평등 중 어느 요소를 우선하느냐에 따라 자유주의적 정의론과 평등주의적 정의론으로 나뉜답니다.

3

자유냐 평등이냐
이것이 문제로다

 자유는 제 1원칙에, 평등은 제 1원칙과 더불어 공정한 기회 균등에
있어서의 평등의 관념에, 박애는 차등의 원칙에 연결된다.

– 존 롤즈, 《사회정의론》

1 왕빛나 vs 정나눔

둘째 주 월요일이 되었습니다. 지난주에는 주번이라 일찍 학교에 갔었지만 이번 주는 평소대로 8시쯤에 학교로 갔습니다. 집에서 학교까지는 걸어서 25분 정도가 걸리는데, 우리 반은 8시 30분까지가 등교 시간입니다.

학교에 도착한 저는 너무나 놀랐습니다. 학습 부장인 미래가 주말 동안 학습란에 들어갈 내용을 꾸미고 코팅까지 해 와서 교실 앞에 부착해 놓은 것입니다. 그리고 체육 부장인 강인이는 걸레를 여러 개 만들어서 가져왔습니다.

"야, 너희들 대단하다. 벌써 다 한 거야?"

자기가 할 일을 찾아 알아서 하는 아이들이 너무나 대견했습니다. 그리고 더욱 놀랄만한 것은 왕빛나였습니다. 빛나는 공리가 사 오라고 했던 소품들을 다시 가서 만들기 재료로 바꾸어 가지고 왔습니다.

"어찌됐든 내가 미화 부장인데 열심히 해야지 어쩌겠니?"

빛나가 말했습니다. 그리고 새롭게 바꾸어 온 재료들을 가지고 아이들과 함께 이것저것 만들었습니다.

빛나의 손에 닿으면 뭐든지 쓸모 있고 예쁜 물건들로 만들어졌습니다. 나는 빛나의 솜씨가 너무 놀라웠습니다. 게다가 빛나는 손놀림이 아주 빨랐습니다.

"야, 너 정말 이럴 거야?"

나눔이가 빛나에게 큰 소리로 말했습니다. 나눔이는 오늘 아침에 혼자 일찍 와서 주번 활동을 했다며 화를 냈습니다. 빛나는 자기가 주번이면서도 주번 활동은 하지 않고 그냥 환경 미화 준비만 한 것이었습니다.

"정나눔! 네가 좀 하면 안 돼? 난 환경 미화 준비하느라 이렇게 바쁜데. 네가 주번 일은 도와줘도 되잖아."

빛나는 자기도 힘들다고 하소연 하듯이 말했습니다.

나 역시 나눔이가 그래 줬으면 좋겠다는 생각이 들었습니다. 그러나 나도 지난주에 주번을 해 보았기 때문에 주번 일이 혼자서는 하기 힘들다는 것 또한 잘 알고 있었습니다.

"그게 도와달라는 말투냐? 그리고 그럴 거 같으면 사전에 부탁을 했어야지. 내가 화내니까 피하려고 핑계 대는 것 아니야?"

나눔이는 단단히 화가 나 있는 눈치였습니다. 주번 일도 자기 일인데 모르는 체 하는 빛나가 못마땅한 것이 틀림없었습니다.

"내가 아까 같이 청소하자고 했잖아. 네가 일하기 싫어서 피하고 논 것은 생각 안 하냐?"

나눔이는 쉬지 않고 속에 담아 두었던 모든 불만을 토해 냈습니다. 보아하니 복도 걸레질도 혼자 하고 방금은 외부 청소도 혼자 다녀온 것 같았습니다.

"야. 그럼 내가 안 한다고 선생님한테 이르면 되잖아? 솔직히 나는 주번 활동은 하기 싫단 말이야."

이번에는 빛나가 쏘아붙였습니다.

"이번 주에 주번 활동 제대로 못해서 다음 주에 한 주 더 해야 한

다고 해도 나는 그냥 환경 미화 준비할 거야. 넌 남자애가 왜 그렇게 치사하게 구냐?"

빛나는 자기 나름대로 자기가 하고 싶은 것을 우선하려는 것 같았습니다. 그러나 나눔이는 자기가 맡은 일을 하지 않는 빛나가 마음에 들지 않았던 것입니다. 부탁을 하는 것도 아니면서 마구 자기 하고 싶은 대로만 하는 모습이 보기가 싫었나 봅니다.

"임원들도 주번이며 급식 당번 다 하기로 했잖아. 그렇게 공평하게 돌아가면서 하기로 했으면서 하기 싫다고, 또 바쁘다는 핑계로 네 일을 안 하면 되냐?"

나눔이도 절대 말로는 지지 않았습니다. 나는 나눔이가 이렇게 말을 잘 하는지 몰랐습니다. 원래 말이 별로 없는 아이인 줄 알았는데 장황하게 설명까지 해 가면서 싸우고 있으니 놀랄 놀 자였습니다.

"내가 나만 편하자고 그래? 나도 나름대로 이유가 있어서 그러는 거잖아. 우리 반이 1등 하면 너도 좋고 다른 친구들도 좋은 거 아니야?"

빛나도 화가 나는 듯 점점 목소리가 높아졌습니다.

"내가 보기엔 너는 환경 미화를 핑계로 편하게 주번 활동을 하려는 것 같은데?"

나눔이는 비꼬듯이 빛나에게 말했습니다. 나는 빛나의 말도 이해가 되고, 나눔이의 입장도 이해가 되었습니다.

사실 빛나가 미화 부장이라서 환경 미화 심사 준비를 위해 남들보다 더 많은 시간 동안 노력한다는 것을 모르는 사람이 없습니다. 하지만 그렇다고 다른 사람들도 하기 싫어하는 당번 활동을 빛나만 빼줄 수는 없는 노릇입니다.

"하기 싫은 것도 자유야. 내가 혼나더라도 안 하겠다는데, 네가 무슨 상관이야? 이건 내 마음이라고. 내 자유! 네가 뭐라고 할 수는 없는 거라고."

빛나의 입장은 바뀌지 않을 것 같네요.

"자유? 그게 자유냐?"

나눔이는 빛나를 향해 물건을 집어 던지고 말았습니다.

나는 고민에 빠졌습니다. 도대체 이 둘의 문제를 어떻게 해야 할까요? 참 어려운 문제였습니다. 그러나 이대로 뒀다간 둘이 몸싸움이라도 하는 게 아닐까 걱정이 돼서 나눔이를 교실 밖으로 데리고 나왔습니다. 나눔이는 씩씩거리면서 화를 냈지만 그래도 싸움을 막아 준 나에게 뭐라고 하지는 않았습니다.

선생님은 지난 번 정의와 공리주의, 평등주의와 자유주의 등에 대한 이야기를 해 주시면서 최선의 방법이 무엇인지 고민하는 사람이 되라고 하셨습니다. 나는 최선의 방법을 내리는 것이 얼마나 어려운 것인지 이 순간을 통해 알게 되었습니다.

사실 환경 미화 심사를 준비한다고 미화 부장인 왕빛나가 다른 친구들보다 일을 많이 하기는 합니다. 그리고 빛나의 입장에서 일주일 동안이나 환경 미화 준비와 당번 활동을 같이 하는 것이 무척 힘들 것 같다는 생각도 듭니다.

하지만 만약 빛나가 주번 활동을 하지 않는다면 나눔이처럼 혼자 주번 활동을 하는 친구가 생기게 되고, 그것 또한 공평하지가 않습니다.

어떻게 하면 미화 심사 준비에도 소홀해 지지 않으면서 주번 활동까지 할 수 있을까요? 나는 무엇이 최선의 방법일지 고민이 되었습니다.

왕빛나와 정나눔의 싸움은 끝이 나지 않았습니다. 그러나 나는 나눔이에게 오늘 하루만 선생님께 빛나를 이르지 말라고 부탁했습니다. 왜냐하면 고민을 계속하다 보면 좋은 방법이 생각날지도 모르기 때문이었죠.

차라리 내가 일주일 동안 당번 활동을 도와줄까? 그런 생각까지 들었습니다.

2 문제는 선택이다

오늘 저녁 식사 시간은 너무나 기분이 좋습니다. 간만에 아빠가 일찍 들어오셔서 가족 모두가 함께 밥을 먹기 때문입니다. 매일 비슷한 반찬이지만 역시 가족이 모두 함께 먹는 밥이라 그런지 더 맛있습니다.

"아빠, 오늘은 공장에서 아무 사고 없었어요?"

밥을 먹으면서 아빠에게 물었습니다. 왜 이런 질문을 하냐고요? 사고가 생기길 바라서 그러는 건 절대 아니죠. 사실 한 달 전쯤에 아빠네 공장에서 일하는 외국인 노동자 아저씨 한 분이 기계에 손이 빨려 들어가서 손가락이 절단 됐대요. 좀 끔찍한 얘기지만 그만큼 아빠가 하시는 일이 힘들다는 거죠. 그래서 나는 항상 아빠께 안전 또 안전을 강조한답니다.

"그럼. 아무 일 없었지. 그래, 너는 5학년 돼서 어려운 과목은 없어?"

이런! 아빠는 그런 걸 물어보시다니! 수학도 과학도 어렵습니다. 수업 시간에 떠들고 노는 것도 아닌데 그래요. 하지만 어렵다고 포기해서는 안 되죠.

"사실은 조금 어려워요. 그래도 예습 복습도 하고 수업 시간에 집중해서 공부하니까 괜찮을 거예요. 히히."

밥을 다 먹고 우리 가족은 오랜만에 한자리에 모였습니다. 텔레비전에서는 만화 영화도 다 끝나고 뉴스가 나오고 있었습니다.

"오늘 오후 ○○자동차 노사는 결국 합의를 하지 못했습니다. 사측은 파업을 철회할 것을 촉구하였지만, 노조는 요구를 들어주지 않는 한 파업을 철회하지 않을 것이라고 강력히 주장하였습니다."

텔레비전 속의 뉴스 앵커는 노조 파업 소식 기사를 또박또박 말하였습니다. 그 뉴스가 끝나고 또 다른 파업 뉴스도 나왔습니다. 대형 마트의 노조가 파업하면서 경찰들과 큰 충돌이 있었다고 합니다. 그래서 많은 사람들이 다쳤다는데요. 왜 노동자들은 파업을 할까요?

'뭐가 불만이라서 저 사람들은 저렇게 시위를 하고, 머리도 삭발하는 걸까?'

"아빠! 지금 텔레비전에서 노동자들이 파업하고 있다고 그러잖아요. 왜 그러는 거예요?"

나는 함께 뉴스를 보고 있던 아빠에게 여쭤 보았습니다. 텔레비전을 보는 내내 잘 이해가 되지 않았기 때문에 아빠에게 꼭 물어보고 싶은 질문이었습니다.

"글쎄. 많은 이유가 있겠지만 그래도 제일 중요한 이유는 임금이 낮고 일터의 환경이 나쁘기 때문이 아닐까?"

아빠의 말씀을 들으면서도 나는 이해가 되지 않았습니다.

"그렇게 임금이 낮고 일터 환경이 안 좋으면 다른 좋은 데로 옮기면 되지 않아요?"

"사실 사람들은 모두 좋은 환경에서 좋은 월급을 받고 일하고 싶어 하지. 그게 늘 만족스럽다면 좋겠지만 거의 대부분이 만족스럽지 못하다고 생각하기 때문에 파업을 하는 거야."

나는 아빠의 말이 잘 이해되지 않았는데, 아마도 어른들만이 알고 있는 세계가 있는 것 같았습니다.

"그럼 회사가 좋은 환경을 만들어 주고 월급도 올려 주면 되잖아요. 그러면 사람들이 일을 더 열심히 하게 되고 돈도 더 많이 벌어들여서 회사도 부자가 되지 않을까요?"

"그래, 그렇게 생각하고 회사가 근로 여건을 개선해 주면 좋겠지만 회사도 그럴 여력이 없으니 그렇겠지."

아빠는 노동자들의 파업은 아주 복잡한 일들이 내면에 깔려 있다는 식으로 말씀하셨습니다.

'그렇다면 어떻게 해야 그들이 파업을 멈추고 일을 하러 갈까?'

나는 아까 나눔이와 빛나의 싸움을 떠올렸습니다. 그 둘도 겉으로 보기에는 개인적인 이유로 싸우는 것처럼 보였지만 사실은 복잡한 이유가 뒤에 깔려 있었기 때문입니다.

나눔이는 학급에서 결정을 내렸던 주번 활동이나 다른 당번 일들은 반드시 같이 해야 한다는 공평성에 대해서 이야기를 하는 것이었습니다. 표면적으로는 자기 혼자만 주번 활동을 해서 힘들다는 것을 말하고 있는 것처럼 보이지만 좀 더 깊이 들여다보면 빛

나가 당번을 하지 않는 것이 공평함에 위배되기 때문에 빛나하고 싸우는 것입니다.

빛나의 경우에도 자기는 환경 미화가 재미있고 그것을 하는 게 더 좋다고만 말했지만 사실 내면에서는 자기가 맡은 일을 하거나 하지 않는 것은 자기 자유라고 생각하고 있었습니다.

게다가 만약 자기가 규칙을 지키지 않고 환경 미화를 한다고 해도 그것은 어차피 자기의 자유 의지로 선택한 것이고, 혼이 나더라도 자기가 그 벌을 다 받겠다는 의미이기도 합니다. 나는 빛나의 그 말이 그렇게 나쁘다고 생각되지 않았습니다. 아, 정말 어떻게 결정을 내려야 하는 것일까요.

노동자들의 파업도 이처럼 복잡하게 겉과 속에 다른 이야기가 존재하고 있는 것처럼 보였습니다.

"아빠, 그럼 어떻게 해야 노동자 파업이 없어질까요?"

내 생각에 아빠는 겉과 속에 대한 모든 이야기를 아시지 않을까 해서 여쭈어 보았습니다.

"여러 방법이 있겠지만 크게 두 가지로 생각해 볼 수 있겠지. 아무래도 선택의 문제일 거야."

아빠 말씀이 약간 어렵게 들렸지만 내가 가진 고민을 해결하는

데 도움이 될까 해서 열심히 들었습니다.

"선택이요?"

나는 선택이라는 단어가 무척 마음에 들었습니다. 우리가 어떤 문제를 해결할 때 제일 중요한 열쇠가 바로 이 선택이라는 생각이 들었습니다.

"그래. 우리 사회가 그것을 선택하는 거야."

나는 아빠의 말씀이 선뜻 이해가 가지 않았습니다. 내가 모르겠다는 표정을 짓고 있자 아빠는 웃으며 예를 들어 설명해 주셨습니다.

"예를 들면, 근로자의 임금과 복지 향상을 위한 노력을 정부가 모든 회사에 일률적으로 적용하느냐, 아니면 최선의 노력을 하도록 하는 선에서 경영자의 재량에 맡기느냐 하는 것을 사회에서 선택하고 나면 조금 더 쉽게 일이 풀리겠지?"

"둘 다 별로 나쁘지 않은 것 같아요!"

"맞아. 둘 다 정의롭기는 하거든. 다만 자유를 앞에 둘 것인가 아니면 평등을 앞에 둘 것인가를 가지고 서로 다투는 거란다."

'자유와 평등?'

맞습니다. 빛나가 자유를 원했다면, 나눔이는 평등을 원했던 것이죠. 빛나의 자유가 나눔이의 입장에서는 불평등한 것이었어요.

'둘의 문제가 이렇게 복잡한 문제였구나. 자유와 평등은 둘 다 정말 중요한 것이라고 배운 것 같은데 두 가지를 모두 실현할 수는 없는 것일까?'

성격이 서로 다른 자유와 평등을 모두 실현할 방법을 생각해 내려니 머릿속이 복잡해졌습니다.

"요즘은 복지의 중요성이 커져서 정부가 기업에 이것저것 간섭을 하고 있지만, 그래도 경제는 자유가 우선되지 않으면 성장이 잘 되지 않거든. 그래서 우리 사회는 자유 시장 경제 논리를 선택하고 있는 거란다."

나는 아빠에게 오늘 미화 부장인 빛나와 단짝 친구인 나눔이의 싸움을 이야기 했습니다.

"아빠가 저라면 어떻게 하시겠어요?"

"야, 이거 어려운데? 꼭 자유가 먼저냐 평등이 먼저냐의 문제 같은데……."

아빠는 내가 겪고 있는 우리 반의 문제도 사회의 문제와 닮아 있는 것 같다고 말씀하시며 말끝을 흐리셨습니다.

"너는 어떻게 하면 좋겠는데?"

아빠는 내 생각이 듣고 싶으신 것 같았습니다.

"사실 전 둘 다 이해가 되지만, 현재 상황에서는 빛나의 입장을 먼저 생각해 주었으면 해요. 빛나가 말로는 자기가 하기 싫은 걸 안 하는 것도 자유라고 하긴 했지만 사실 1등을 하면 나눔이랑 저, 우리 반 아이들 모두에게 좋은 일인 것은 사실이거든요."

아빠에게 나도 환경 미화 심사에 대해 많이 생각하고 있다고 말씀 드렸습니다. 그리고 사실 나눔이도 우리 반이 1등을 하는 것을 좋아할 것이라고도 했습니다.

"그럼 최선의 방법이 뭘까?"

아빠는 나의 말을 끝까지 다 들으시고는 이렇게 질문을 하셨습니다.

"글쎄요. 어떻게 하죠?"

나는 대답을 쉽게 할 수 없었습니다.

아빠도 나에게 더 생각해 보고 결정하라고 하셨고, 나는 엄마를 도와 설거지를 하면서도 계속 그 생각으로 머리가 아팠습니다.

'아, 이런 방법이 있었지!'

그때 아주 괜찮은 방법 하나가 떠올랐습니다. 그것은 나의 인맥을 이용하는 것이었습니다.

3 어떤 것이 진정한 정의로움인가

　다음날 아침, 나는 평소보다 일찍 학교에 갔습니다. 주번이 도착하는 시간인 7시 50분에 학교에 도착한 것입니다. 어젯밤 나는 우리 반 17번인 짝꿍 영진이에게 전화해서 이번 주로 주번을 바꿔 달라고 부탁해 두었습니다.

　그게 내가 찾아 낸 최선의 방법이었습니다. 왜냐하면 누구나 한 번은 주번 활동을 하기 마련이니까 그 순서가 조금 바뀌는 것에 있어서는 크게 신경을 쓰지 않을 것이고, 그래서 미화 부장인 빛나와 영진이의 순서를 서로 바꾸는 것이 좋겠다고 생각한 것입니다.

사실 내가 일주일 더 주번을 해도 괜찮지만 그건 공평하지가 않습니다. 나는 이미 일주일 간 주번 활동을 했고, 이번 주는 또 환경 미화 막바지 준비를 해야 돼서 학급 일에 더 신경을 써야 하기 때문입니다.

그렇다고 나눔이 혼자 주번 활동을 하라는 것도 말이 안 됩니다. 왜냐하면 그렇게 하면 나눔이는 다른 아이들보다 몇 배는 더 힘들게 주번 활동을 해야 하는데 그것은 나눔이한테 불공평한 일이니까요.

"영진아, 어제 내가 전화한 대로 해 줄 수 있지?"

착한 영진이는 주번 활동 시간에 맞추어 나와 주었습니다. 그리고 오늘은 왕빛나도 미안했는지 일찍 나와 있었습니다.

"그럼."

영진이가 시원스레 대답했습니다.

빛나는 영진이에게 고맙다는 말을 했습니다.

"나도 다른 아이들한테 부탁하고 싶었지만 다들 주번을 먼저 하는 걸 싫어해서 말이야."

빛나도 나처럼 주번을 바꿀 생각까지 했던 것 같았습니다. 또 어제 혼자 힘들게 주번 활동을 한 나눔이에게도 잘 이야기를 해서 이번 일은 이걸로 마무리하기로 했습니다.

이제 미화 부장인 빛나는 학급 일에 신경을 더 많이 쓸 수 있고, 나눔이도 일주일 동안 빛나와 싸워 가면서 주번 활동으로 피해를 보지 않아도 됩니다.

게다가 나도, 빛나도 괜한 죄책감이나 다른 이유로 방해를 받지 않고 환경 미화 준비를 할 수가 있을 것입니다. 나는 이 방법이 우리가 처한 상황에서는 최선의 방법이라고 생각했습니다.

아무런 이의 없이 내 의견을 따라 준 친구들이 너무나 고마웠습니다. 그리고 이 방법을 떠올리게 해 주신 아빠의 말씀도 정말 감사했습니다. 우리 반 아이들은 며칠 동안 정말 최선을 다해서 환경 미화 준비를 하였습니다.

나는 내가 맡았던 태극기와 교훈, 급훈을 만들고 액자에 예쁘게 끼워서 칠판 위에 가지런히 달았습니다. 미래는 시간표도 만들어 붙이고 학습란에는 학급 신문과 우리들의 사진을 전시하였습니다.

그리고 저번에 우리를 돕기 위해 열심히 만들고 그려다 준 친구들의 소품과 그림도 활용하였습니다. 그림은 '우리들의 솜씨'라는 이름으로 전시되었고, 그림 옆에는 그 그림과 어울리는 동시를 지어서 함께 전시하였습니다.

아이들이 직접 만든 소품은 모양이 좀 이상하기는 했지만 그것을 학급 소식통으로 해서 혹시 친구들에게 하고 싶은 말이 있을 때 편지를 써서 전달하는 도구로 이용하기로 했습니다. 또 다른 작품은 물건을 잃어버렸을 때 주인을 찾아주는 보관소가 되었습니다.

강인이는 청소 도구함을 깨끗이 정리하고 청소를 도맡아서 해 주었습니다. 빛나가 소품을 만드는 데 신경을 쓰고 교실 안을 꾸미고 있을 때면 옆에서 자질구레한 쓰레기 조각들을 치워 주었습니다. 특히 빛나가 예쁜 글씨로 재활용품, 일반 쓰레기라고 쓴 명패를 만들자, 강인이가 빛나 대신 쓰레기통에 명패를 붙여 주기도 했습니다.

그리고 그 외에도 우리 반 아이들은 각자가 생각하고 아이디어를 내서 만들고 싶은 물건이 있으면 이곳저곳에 만들어서 붙여 놓았습니다. 약간 산만해 보이기도 했지만 나는 그 물건들이 아이들의 손때가 묻어있는 것 같아서 더 좋았답니다.

공리주의에 대한 쉬운 불만, 어려운 해결

　최대 다수에게 최대 행복을 주고자 하는 공리주의는 오늘날 흔히 말하는 복지 사회를 추구하는 이론이에요. 이 말만 들어 보면 누구나 공리주의는 마땅히 옳은 것을 추구하는 거라고 생각하겠죠? 그래서 공리주의는 가장 이상적으로 여겨지는 목적론적 정의론이기도 합니다. 윤리와 정의는 이론만이 아닌 행동으로 보여 줘야 하는 학문인데, 공리주의는 행동하는 과정에서 두 가지 문제점이 있어요. 하나는 '최대 행복을 만들어 내는 과정'에서 나타나는 문제이고, 다른 하나는 '최대 다수에게 나누는 과정'에서 나타나는 문제에요.

　공리주의는 최대 행복을 만들어 내기 위해서 무엇보다 능률을 중시합니다. 공리라는 말 자체가 효율성, 능률을 의미하는 거예요. 공리주의의 효율성은 개인 간의 능력 차이를 인정하지 않으며, 자유와 평등을 무시한 채 인위적인 조정과 통제를 요구하죠. 자유주의는 개인의 자유의사를 거스른다는 점과 개인의 능력 차이를 무시한다는 점에서 공리주의를 반대합니다. 반면에 평등주의는 능률 우선에 따르다 보면 참여 기회가 불평등해진다는 점에서 공리주의를 반대하지요.

　이처럼 자유주의와 평등주의는 공리주의에 불만을 가진 윤리학설이라는 공통점을 가집니다. 그러나 불만의 근거는 각기 정반대의 입장에서 대립하고 있어요. 평등주의의 입장에서 보면 국가가 보다 강력하게 행복을 조정하고 통제해야 한다는 것이 마땅히 옳은 요구이죠. 그러나 자유주의의 입장에서 보면 오히려 아무런 제약이 없는 자유의 보장이 마땅히 옳은 요구입니다. 그런데 개인적 자유만 보장된 환경에서는 빈부의 격차가 심해지는 문제가 나타나요. 한편 전체적 평등만 추구하는 환경에서는 낮은 능률로 인한 행복의 하향 평준화라는 문제가 나타나지요. 대립되는 정의의 두 요건을 모두 만족시키는 현실적 실천 방법을 찾기가 어려운 이유가 바로 이런 문제 때문이랍니다.

**　자유주의와 평등주의의 문제점 정리**
　자유주의와 평등주의는 공리주의를 반대하는 정의론으로써 설득력은 있습니다. 하지만 만족할만한 대안을 제시하지는 못하고 있어요.

따라서 대안을 찾기 위해서는 각각의 문제점을 따로 정리해 볼 필요가 있겠죠?

자유주의의 문제점

1. 개인의 자유만 강조하다 보면 공동체보다 개인을 우선하게 되기 때문에 언제든지 자유주의가 개인 이기주의로 바뀔 수 있습니다.

2. 자유주의 이론은 '소유권'이 핵심인데, 소유권은 애초에 힘과 권력에 의해 생겨났습니다. 힘과 권력에 의지하는 것은 정의와 거리가 멀지요. 따라서 소유권을 핵심으로 하는 자유주의는 설득력이 없습니다.

3. 자유 지상주의의 배타적이며 일방적인 자유는 다른 사람의 겉보기 자유를 침해하지는 않아도 다른 사람의 불평등이나 부자유를 이끄는 경우는 얼마든지 있습니다. 즉, 자유 지상주의는 자유를 위해서 자유를 제약해야 하는 모순을 안고 있는 것이죠.

평등주의의 문제점

1. 자유는 자발적이고 능동적으로 활동하는 것인데, 공동체를 우선

하는 평등주의를 따르면 기본권인 자유가 침해됩니다.

2. 평등주의에 맞춘 정의를 실현하기 위해서는 '필요에 따라 골고루 나누어 줄' 만큼 생산물이 충분히 있어야겠죠. 그런데 평등주의는 특성상 사람들의 일하고자 하는 의욕을 떨어뜨리고 능률이 저하되기 때문에 생산성이 낮아질 수 있어요. 그렇게 되면 정의 실현을 위한 전제 조건을 만족시키기 어렵게 되겠죠.

3. 평등주의가 개인의 소유권을 부정하는 이유는 개인 소유물은 모두 자연물에서 비롯된 것이라고 생각하기 때문입니다. 자연물은 누구나 공유할 수 있는 것이기에 개인이 소유할 수는 없다는 것이지요. 그러나 무분별한 자연 착취에 의존하는 산업 구조는 생산의 근원인 자연을 황폐화시키고 고갈시키는 모순을 안고 있어요.

4

방법은 계약주의 정의론이다

 탁월성은 인간 발전의 조건이며, 따라서 그것은 모든 이의 관점에서 볼 때 선이 된다.

– 존 롤즈, 《사회정의론》

1 공리가 반장일 수밖에 없는 이유

드디어 환경 미화 심사 날이 다가왔습니다. 우리 반은 전교에서 1등을 하기 위해 그동안 많은 노력을 하였습니다.

그런데 다른 것은 다 마음에 드는데 커튼이 마음이 들지 않았습니다. 우리 학교에서는 보통 노란색이 들어간 커튼을 모든 학급에서 똑같이 맞춥니다. 우리 반도 노란색 커튼을 규정대로 맞췄습니다. 문제는 커튼을 얼마나 멋지게 잘 묶어 내느냐 였습니다.

담임선생님을 포함해서 많은 아이들이 자기가 잘 묶을 수 있다며 시도해 보았습니다. 그런데도 멋지고 예쁜 커튼 모양은 영 나오지 않았습니다.

"아, 정말 커튼 때문에 미치겠다."

왕빛나도 나와 같은 생각이었습니다.

"작년에 우리 반 최소라는 애가 커튼을 정말 잘 묶었는데. 어떻게 이번 반에는 커튼 하나 제대로 묶을 줄 아는 애가 없냐?"

왕빛나는 그동안 여러모로 수고를 했습니다. 환경 미화 때 제일 고생하는 사람이 바로 미화 부장일 것입니다. 그렇지만 빛나는 입만 열면 영 예쁘지가 않고, 말솜씨가 없습니다. 빛나는 말을 할 때나 행동을 할 때 약간의 신경질이 섞여 있습니다.

"아무래도 최소라한테 부탁해야겠다."

빛나가 이렇게 말했습니다.

나는 웬만하면 우리 반 안에서 모든 것을 해결하고 싶었지만, 해결할 방법이 없다면 다른 반 아이의 도움을 받을 수도 있다고 생각했습니다. 그런데 문제가 있었습니다.

그것은 빛나가 소라와 친하지 않다는 것입니다. 소라의 마음을 움직일 사람은 공리밖에 없었습니다.

"우진아, 너도 알잖아. 내가 애들한테 말을 잘 못하는 거."

빛나가 말했습니다. 빛나는 솔직한 구석은 있는 것 같았습니다.

"그럼 내가 공리한테 부탁해서 소라 좀 데려 오라고 할까?"

빛나는 내 동의를 얻고 싶은 것 같았습니다.

"걔가 그렇게 잘해? 정 그러고 싶으면 그렇게 해."

사실 나는 아무 상관이 없었습니다. 내가 걱정인 것은 공리가 우리가 하는 말을 들어 줄지 입니다. 공리는 반장 자리에서 물러나게 된 이후, 우리가 열심히 환경 미화 심사를 준비하는 동안 그저 옆에서 지켜보기만 했습니다. 그렇다고 슬퍼 보인다거나 화가 나 있는 표정은 아니었고, 항상 뭔가 깊은 생각에 빠진 사람처럼 우리들의 행동을 주시하고 있었습니다.

그런 공리는 열흘 동안 혼자서 다니는 적이 많았고, 가끔 빛나와 뭐라고 이야기를 할 뿐 다른 일에는 전혀 참여하지 않았습니다.

그때 아이들과 심하게 싸우고 나서, 자기를 반장으로 뽑아 준 아이들이 자신을 원하지 않는다는 사실을 그냥 받아들이기로 한 것 같습니다. 아마 공리에게는 그런 일들이 다 상처가 되었겠지요.

그렇지만 이번 문제에 대해서는 공리도 우리와 같은 생각인가 봅니다.

"알았어."

공리는 빛나의 말을 듣더니 점심시간인데 밥도 먹지 않고 곧바로 빛나와 함께 최소라를 찾으러 갔습니다.

공리와 빛나가 최소라를 찾아내서 우리 반으로 데리고 온 건 아이들이 밥을 얼마 먹지도 않았을 때였습니다. 그런데 빛나와 공리가 뒷문을 열고 들어오자 아이들은 먹고 있던 밥도 내버려 둔 채 그녀들을 지켜보았습니다.

공리는 그런 아이들의 반응을 마음에 걸려 하는 것 같았습니다.

"이건, 내가 반장이라서 하는 게 아니야. 그냥 우리 반 일이라서 같이 하는 것뿐이야."

공리의 말은 반의 모든 아이들이 아니라 부반장인 나와 임원인 미래, 강인이 그리고 매일 옆에서 나를 도와주었던 나눔이에게 하는 말 같았습니다.

우리들은 공리의 그 말을 듣는 순간, 아니 나는 그 말을 듣는 순간 공리라는 여자 아이가 참 괜찮은 애라는 생각을 했습니다. 역시 반장다운 카리스마가 있고 공부까지 잘하던 그 공리가 맞았습니다. 공리와 빛나가 데려온 최소라는 아무 말도 없이 그냥 커튼을 보더니 피식 웃었습니다.

"뭐야, 저렇게 묶어 놓고 심사를 하려고 했단 말이야?"

소라도 빛나와 공리처럼 자신 있는 말투였습니다. 그러더니 재빠른 손놀림으로 커튼을 매만지기 시작했습니다. 소라의 손놀림은 다른 아이들과는 전혀 달랐습니다. 빛나가 이것저것 물건을 만들어 낼 때의 그 화려함이랑은 또 다른 손놀림이었습니다.

소라의 커튼 묶는 솜씨가 더욱 놀라운 것은 다른 사람들은 커튼을 그냥 길게 축 늘어지게 맸는데, 소라는 커튼을 가지고 종이로 부채를 접은 것처럼 만들어 놓았다는 점입니다. 똑같은 크기와 모양으로 커튼의 왼쪽 오른쪽을 접어놓았는데, 한 번 손으로 접을 때마다 자기 검지만큼 재면서 척척 그 일을 해 나갔습니다.

잠시 후, 전과는 비교도 되지 않을 정도로 예뻐진 커튼이 보였습니다.

'아, 이래서 빛나와 공리가 이 아이를 찾았던 거구나!' 하는 생각이 들었습니다. 주위에 몰려 있던 임원 아이들 모두 크게 박수를 치고 환호를 했습니다.

"이 정도면 되겠지?"

소라가 우리 쪽을 바라보며 말했습니다.

우리는 고개를 끄덕이면서 소라의 재주가 신기하다는 표정을 지어 보였습니다. 그리고 나는 기쁜 마음에 소라에게 악수까지 청했습니다. 그랬더니 소라는 내 손을 맞잡으며 같이 기쁘게 웃어 주었습니다.

"야, 너희 반보다 덜 예쁘게 한 것은 아니지?"

빛나는 약간 불만족스럽다는 말투로 소라의 마음을 떠보려는 듯이 말했습니다. 이런 빛나의 말투가 이제는 싫지 않게 느껴졌습니다. 이렇게 말할 수 있는 것은 상대방에 대해서 잘 알고 있을 때, 혹은 친할 때나 가능한 것이라는 것을 알게 됐기 때문입니다.

"나를 어떻게 보고! 난 커튼을 맬 때는 늘 최선을 다한다고."

소라는 프로 의식 같은 것이 있어 보였습니다. 정말로 다른 커튼을 하는데도 아까처럼 빠르지만 하나하나 정성을 들여서 하고 있었습니다. 두 개의 커튼이 완벽하게 만들어졌습니다.

"작년에 워낙 잘해서 그렇지! 내가 너를 모르냐?"

빛나도 마음에 든다는 듯이 소라의 어깨를 토닥거리면서 말했습니다.

"우리 반이 1등하면 알지? 내가 특별히 쏜다."

공리는 꼭 같은 반 학생에게 말하듯이 소라에게 말했습니다.

소라도 빛나나 공리의 말이 싫지 않은 것 같았습니다. 그녀들은 그렇게 자기들 방식대로 이야기를 하면서 아이들의 반응은 신경

쓰지 않았습니다. 그러다가 공리가 우리 쪽을 한 번 쳐다보았습니다. 그러나 공리는 그냥 살짝 웃어 보이고는 다시 자기 자리로 돌아가 앉아서 수학 문제를 풀기 시작했습니다.

소라는 우리 반이 1등을 하면 커튼 점수는 모두 자기의 덕인 줄 알라는 말을 남기고 사라졌습니다. 역시 소라도 빛나나 공리와 같은 과네요. 약간 잘난 척하는 것 같아 보이지만 사실 그것은 자기가 갖고 있는 자신감에서 나오는 것이었어요.

그 친구들의 그런 모습은 학교에서 그들이 왜 그렇게 인기가 있는지를 알게 해 줬습니다. 그리고 왜 공리가 반장일 수밖에 없었는지도 이해할 수 있게 되었습니다.

2 최선을 다한 우리 반, 아자!

우리는 커튼 문제까지 완벽하게 정리하고 겨우 마음을 놓았습니다. 아이들은 점심을 다 먹고 나서도 돌아다니지 않고 조용히 앉아서 우리가 만들어 놓은 여러 소품들을 다시 정리하였습니다.

그동안 나도 모르게 스트레스를 많이 받았던 것 같습니다. 반장의 몫까지 아이들을 이끄는 역할을 잘할 수 있을지에 대한 걱정에, 아이들끼리의 다툼을 말리는 일도 쉽지는 않았습니다.

게다가 우리들에게 모든 것을 맡기시는 선생님의 기대에 대한 보이지 않는 부담이 우리들을 참 크게 만들었다는 생각이 들었습니다. 아마 나는 요 며칠간의 일을 평생 잊지 못할 것입니다.

모든 정규 수업이 끝나고 청소까지 마쳤습니다. 규정대로라면 청소를 하고 나면 모두 다 집에 돌아가야 하는데, 환경 미화 심사가 걱정돼서 그냥 집에 갈 수가 없었습니다.

"야, 우리 그냥 남아서 심사하는 거 보면 안 될까? 조용히만 하면 되잖아."

미래가 임원 아이들을 향해 말했습니다.

"난 오늘 태권도 빠지면 안 되는데……."

강인이는 태권도 학원에 다니는데 학원을 그동안 너무 많이 빠져서 부모님께 혼이 났다고 합니다. 그런데도 늘 청소를 마치고 정리까지 하고 나서야 집에 가는 강인이었습니다.

"좋을 대로 해. 부반장! 나는 남을래. 만약에 뭐라도 망가지면 내가 다 손봐야 하잖아."

왕빛나가 말했습니다.

"나도 남을래. 난 학원가기 싫다."

나눔이가 학원에 가기 싫어서 남는다고 하자 미래와 강인이, 그리고 빛나까지 일제히 웃음을 터트렸습니다. 나눔이가 듬직하기만 한 줄 알았더니 유머 감각까지 있었네요.

"그래, 그럼 남을 사람 몇 명만 남자. 괜찮을 거야."

다른 반 아이들도 우리처럼 걱정이 되었는지 한 반에 몇 명씩 남아서 자기 반을 지키고 있었습니다. 또 어떤 아이들은 선생님이 채점하시는 곳마다 따라 다니기도 했습니다.

드디어 우리 층에서도 선생님들이 종이를 들고 이 교실 저 교실 돌아다니시는 모습이 목격되었습니다. 아마 저 선생님들의 모든 점수를 합산하여 결정된 1등 반 아이들이 상장과 문화 상품권과 떡볶이 교환권을 받게 될 것입니다.

환경 미화에서 1등이 된다면 더없이 좋겠지만 전 그것과 상관없이 환경 미화를 통해 친구들 사이가 좋아져서 기뻤습니다. 물론 공리가 빠진 자리가 조금은 미안하기도 했지만, 공리도 최소라를 불러 주면서 뒤에서 우리를 도왔기 때문에 그것만으로도 전 마음이 놓였습니다.

드디어 환경 미화 심사 결과 발표 날이 되었습니다. 조회가 있는 목요일 오전, 모든 학생들이 운동장으로 나갔습니다. 교장선생님의 긴 훈화와 대회에서 수상한 아이들의 시상이 끝나고, 이윽고 교내에서 주최한 환경 미화 심사 결과를 발표하는 순서가 되었습니다.

나는 심장이 너무 뛰어서 어떻게 해야 할지를 몰랐습니다. 각 반 앞에 서 계시는 선생님들의 표정만 봐서는 어떤 반이 1등을 할지 가늠이 되지 않았습니다.

우리 담임선생님의 표정은 밝아 보였습니다. 괜히 선생님의 얼굴을 보니까 기분이 좋아졌습니다. 우리에게 너무나 만족해하시는 표정이었습니다.

"이번 환경 심사에서 3등을 한 반을 부르겠습니다. 이번 환경 미화 3등은 2학년 3반입니다. 축하합니다. 대표로 반장 나오세요."

선생님의 말씀이 끝나자마자 작은 키에 안경을 쓴 2학년 3반의 반장이 뛰어 나갔습니다.

"다음은 1등과 2등을 동시에 부르겠습니다. 호명된 반의 반장들은 교장선생님 앞으로 나와 주세요."

우리 반 학생들은 두근두근 잔뜩 기대를 하고 있었습니다. 그런데 나는 그 순간에도 만약 호명이 된다고 해도 반장이 공석인데 어떡하나, 하는 생각이 들었습니다.

"5학년 4반과 6학년 7반 반장 나오세요."

'야호, 둘 중 하나는 1등이네?'

나는 적어도 2등 이상을 했다는 안도감에 기분이 좋았습니다. 다만 6학년 형들과의 경쟁에서 이겨야 한다는 사실이 조금 두렵기는 했어요.

그런데 다음 순간 내 모든 생각은 멈춰 버렸습니다. 걱정하던 대로 우리 반에서는 아무도 뛰어나가지 않은 것이었습니다. 반장 자리는 공석이고, 부반장인 내가 반장의 일을 대신 하기는 했지만 진짜 반장도 아닌데 마음대로 나갈 수는 없었습니다.

담임선생님께서 이런 나의 기분을 아셨나 봅니다. 우왕좌왕 어떻게 할지를 몰라 하고 있는 우리 반을 향해 선생님이 크게 소리치셨습니다.

"제일 수고한 왕빛나가 나와!"

역시 선생님은 나의 고민, 아이들의 고민, 공리의 고민까지 단박에 해결해 주셨습니다. 하지만 그 자신감에 넘치던 빛나도 조금은 꺼려졌는지 공리와 내 얼굴을 한 번씩 쳐다보았습니다.

나는 정말 잘 되었다는 표정으로 빛나를 보았습니다. 공리 역시 밝게 웃으면서 어서 나가라고 빛나의 등을 떠밀었습니다. 결국 빛나는 교장선생님 앞으로 달려 나갔습니다. 빛나가 나가자 마이크에서는 이런 소리가 흘러나왔습니다.

"이번 환경 미화 1등은 6학년 7반입니다. 축하합니다."

아이들과 선생님들의 박수 소리가 온 운동장에 울려 퍼졌습니다. 우리 반 아이들은 실망한 표정이 역력했습니다. 상품권을 못 받아서 아쉽기도 했지만, 그동안 열심히 노력했는데도 1등을 하지 못했다는 사실이 안타까워서겠지요.

3 무지의 베일을 통한 케이크 원리

그동안 너무 많은 기대를 했었나 봅니다. 아이들이 실망해서 풀이 죽어 있자 담임선생님께서는 케이크를 다섯 상자 사 오셨습니다. 열심히 했지만 상을 받지 못해 실망한 아이들을 위로하기 위해서였습니다. 케이크를 보자마자 아이들의 얼굴에는 다시 생기가 돌았습니다.

"나는 떡볶이보다 케이크가 더 좋아."

강인이는 이렇게 말하면서 입맛을 다셨습니다. 아이들은 한 조각이라도 더 먹기 위해 케이크 쪽으로 달려들었습니다. 선생님은 우리들에게 똑같이 나누어 먹으라고 하시면서 젓가락 30개와 접시 30개, 종이컵과 음료수를 주고 가셨습니다. 그러자 막 달려들었던 아이들이 아무도 케이크를 건들지 못하고 케이크 상자만 보고 있었습니다.

"음, 이걸 어떻게 똑같이 나누지?"

케이크를 뚫어지게 바라보던 나눔이가 말했습니다. 그러자 강인이가 대답했습니다.

"그냥 아무나 잘 자르면 되지. 아니면 자르지 말고 그냥 퍼 먹을까?"

"그러지 말고, 이런 방법은 어떨까?"

나는 아이들에게 제안을 하나 하기로 했습니다. 아이들은 모두 나를 바라보았습니다.

"일단 여섯 명씩 한 조를 만들고 각 조에서 한 명이 케이크를 여섯 조각으로 자르는 거야. 그리고 한 조 여섯 명이서 서로 가위바위보를 하는 거지. 그래서 이기는 사람이 먼저 케이크 조각을 선택하는 거야. 그러면 자르는 사람은 자기가 가위바위보에서 이길지 질지 모르니까 최대한 공평하게 케이크를 자르겠지."

"그래. 어떻게 하든 얼른 케이크 좀 먹게 빨리 나누자."

성격 급한 나눔이는 벌써 젓가락과 접시를 들고 줄을 서 있었습니다.

"자, 그럼 먼저 임원들은 케이크 상자를 하나씩 들고 맨 앞으로 나와."

내가 이렇게 말하자 미래와 강인이, 빛나가 케이크 상자를 하나씩 들고 나왔습니다.

"반장! 지금은 공석이라도 우린 원래 다섯 명이서 시작했으니까 너도 나와서 도와 줘."

내가 공리를 보면서 빨리 나오라고 재촉하자 공리는 약간은 머뭇거리는 듯 하다가 케이크를 기다리고 있는 아이들 때문인지 케이크 상자를 하나 들고 나왔습니다. 나도 케이크 상자를 하나 들고 앞쪽에 자리를 잡았습니다.

"자 그럼 케이크 상자를 열고, 모두 임원들 뒤에 다섯 명씩 서서 기다려."

아이들은 일제히 내 말을 따라주었습니다. 처음에는 한 줄에 일곱 명이 되기도 하고, 어떤 줄에는 아이들이 많이 안 가서 세 명이 되기도 했습니다. 그렇지만 아이들은 곧 내 주문대로 다섯 명을 맞추어서 섰습니다.

"자, 그럼 케이크를 열어 볼까?"

내가 이 말을 하자 임원들은 일제히 손톱으로 스티커를 떼어 내고 상자 안에 든 케이크를 꺼내서 상자 위로 올렸습니다. 그리고 정성스럽게 케이크를 등분하여 여섯 조각을 만들었습니다.

우리 임원들이 케이크를 자르는 동안 한 아이가 재미있는 말을 했습니다.

"아까 나는 내가 좋아하는 치즈 케이크 쪽으로 달려가려고 중간에 서 있었는데."

하하하! 맞습니다. 만약 케이크 종류가 다 달랐다면 아이들은 자기가 좋아하는 쪽으로 달려가느라 큰일이 났을 것입니다.

"너도 그랬냐? 난 초콜릿 케이크 쪽으로 달려가려고 했는데."

나눔이도 그런 생각을 하고 있었나 봅니다. 그런데 너무나 다행스럽게도 케이크는 모두 고구마 케이크였습니다. 선생님께서는 우리들의 이런 마음까지 헤아리셨는지 전부 같은 종류의 케이크를 사 가지고 오신 것입니다.

"자, 나는 다 잘랐어. 이제 가위바위보를 하자."

빛나가 말했습니다. 빛나의 줄에 선 아이들은 가위바위보를 했습니다. 가위바위보에서 첫 번째로 이긴 아이는 처음엔 신중히 고민해서 고르려고 했습니다. 하지만 케이크는 거의 같은 크기였기 때문에 재고 고를 것이 없었습니다. 두 번째, 세 번째로 이긴 아이들도 똑같았습니다.

"야, 케이크 크기가 정말 똑같다. 똑같은 크기로 자르겠다고 지나치게 애쓴 거 아냐? 가끔 큰 게 나와 줘야지 기분이 좋은데."

나눔이가 케이크를 고르면서 이렇게 말을 했습니다. 그런데 나눔이가 이상합니다. 왜 내 뒤에 서지 않고 빛나의 줄에 서 있는 것일까요? 처음에는 그냥 어쩌다 보니 그렇게 됐겠지 했는데 빛나 바로 뒤에 서 있는 걸로 보아서는 의도적인 것이 분명했습니다. 혹시 나눔이 녀석, 그렇게 빛나한테 못되게 굴더니 사실 빛나를 좋아하는 거 아닐까요?

얼마 후 선생님께서 교실로 돌아오셨습니다. 선생님은 케이크를 즐겁게 나눠 먹고 있는 아이들을 보면서 흡족해 하셨습니다.

"아니, 그런데 어떤 방법으로 이렇게 모두 즐겁게 케이크를 나누어 먹은 거니?"

"우진이가 좋은 방법을 알려줬어요. 여섯 명씩 조를 나누고, 임원들이 나가서 케이크를 여섯 조각으로 자르는 거예요. 그 다음에 조원들끼리 가위바위보를 해서 이긴 사람부터 케이크를 골라 먹기로 했죠."

선생님께서 케이크를 나누어 먹은 방법을 궁금해 하시자 빛나는 내가 제안한 방법에 대해 선생님께 말씀드렸습니다.

"최우진, 좋은 생각을 했구나. 그런데 어떻게 그런 생각을 하게 된 거니?"

"선생님께서 저번에 힘든 결정을 할 때에는 그 상황에서 최선의 방법이 무엇인지를 생각하라고 하셨잖아요?"

나는 일어나서 그 방법을 떠올리게 된 과정을 선생님께 말씀드렸습니다.

"우리 반이 정해 놓은 규칙 안에서 자신들이 해야 할 의무를 다해서 얻은 게 바로 선생님이 주신 케이크였어요. 그걸 똑같이 나누는 것은 정말 당연한 일인데, 그 방법이 문제였지요. 그런데 저번에 선생님께서 해 주신 말이 떠올랐어요. 무지의 베일을 쓴 상황에서 가장 나쁜 상태의 입장을 생각해 보는 것 말이에요."

선생님께서는 내 대답을 듣고 고개를 끄덕이셨고, 아이들도 케이크를 먹으면서 내 말을 열심히 들어 주었습니다.

"우리 모두는 케이크를 한 조각씩 가질 수 있는 기회가 균등하게 주어졌어요. 그런데 우리는 남보다 더 큰 케이크 조각을 먹을 수 있길 바라죠. 최대한 똑같은 크기로 잘라야 하는데, 자르는 사람의 역할이 아주 중요해요. 그런데 자르는 사람이 케이크를 먼저 집어 갈 수 있다면 자기가 선택할 것을 크게 자르겠죠. 그러니까 케이크를 자르는 사람이 누가 먼저 케이크 조각을 선택할지 모르는 상태라면, 자기가 제일 마지막으로 선택할 수도 있는 상태에 놓여 있다면, 그 사람은 케이크를 최대한 똑같은 크기로 자를 거라고 생각했어요."

"우진이가 존 롤즈의 계약주의 정의론을 적절하게 사용하였구나. 애들아, 케이크 맛있니?"

선생님께서는 아이들을 향해 말씀하셨습니다.

"네!"

아이들 몇 명은 신나서 대답했고, 대부분의 아이들도 선생님의 얼굴을 보면서 고개를 끄덕거렸습니다.

"네, 잘 먹었습니다."

강인이가 선생님께 감사 인사를 했습니다. 그러자 몇 명의 아이들이 잘 먹었습니다, 라고 덩달아 말하였습니다.

"하하, 선생님은 그 말을 들으려고 물어본 게 아니야. 선생님은 지금 우진이 말에 감동 받아서 너희들에게 존 롤즈의 이론에 대해 말해 주려고 말을 꺼낸 거란다. 그렇지만 감사하다고 하니 선생님도 너희들에게 고맙구나."

선생님은 이렇게 말씀을 하시고는 다시 말을 이으셨습니다.

"환경 미화 준비하느라 애들 많이 썼지? 1등을 해서 상품권을 받는 것도 좋은 일이야. 그렇지만 그걸 받기 위해서 우리 반만 해도 몇 명의 친구들이 너무 고생했어. 이것저것 만들고 하느라고 밤도 새고 말이다. 그 몇 명의 자유를 빼앗으면서 우리들이 1등 하는 게 뭐가 좋겠니?"

선생님은 임원 아이들을 쳐다보면서 말씀을 계속하셨습니다.

"물론 자유도, 공동체 생활을 위한 평등도 사회 정의를 위해서는 다 중요한 거란다. 잘못된 것이라고 할 수는 없지. 하지만 자유 혹은 평등 어느 것 하나만을 따라서는 안 된단다. 사회 공동체 안에서 약속과 규칙을 정하고, 자유를 유지하면서 최대한 많은 사람들이 평등한 삶을 살아가도록 하는 것이 가장 정의로운 사회야. 이건 존 롤즈라는 철학자가 생각해 낸 정의 이론이란다."

존 롤즈, 저번에 선생님께서 잠깐 얘기해 주셨던 사람입니다.

"여러분이 케이크를 공평하게 잘라 먹을 수 있었던 것에 대해서 얘기해 볼까? 케이크를 그렇게 나누어 먹은 것은 참 잘했어요. 우리 반의 규칙과 의무를 성실히 지켜나가면서 함께 얻게 된 케이크를 공평하게 나누어 모든 사람들이 다 평등하려고 애를 쓴 것 말이야. 그건 참 정의로운 행동이거든."

"우진이가 먼저 그런 생각을 했으니까 우진이는 정의로운 사람인 거네요?"

나눔이가 말했습니다.

"물론 우진이가 공정한 배분을 위한 행동은 정의로운 거지. 너희들도 다 그런 뜻을 알고 함께 행동하였잖니. 그러니까 너희도 모두 정의로운 사람인 거야."

그러자 아이들은 모두 웃었습니다. 선생님은 계속 말씀하셨습니다.

"자기가 큰 몫과 작은 몫 중 하나를 가질 수 있다는 가능성이 있다고 할 때, 큰 위험을 감수하더라도 큰 몫의 가능성에 희망을 거는 사람도 있겠지?"

"네? 그게 무슨 말씀이세요?"

케이크를 얌전하게 먹고 있던 빛나가 물었습니다.

"예를 들어 빛나는 지금 모두와 같은 크기의 케이크를 먹고 있어. 저 케이크는 빛나가 잘랐다고 했지? 근데 빛나가 더 큰 케이크 조각을 먹고 싶어서, 조각 크기를 다르게 해서 케이크를 잘랐다고 생각해 보렴. 만약 가위바위보에서 이기면 큰 케이크 조각을 얻을 수 있다는 것에 희망을 건 거야. 대신 가위바위보에서 지면 가장 작은 크기의 케이크를 먹을 수도 있다는 위험을 감수하고서 말이지."

"아, 그럼 큰 케이크에 대한 희망 때문에 케이크를 자른 다음 가위바위보를 해서 나눠 먹자는 규칙에 반대하는 사람들도 있겠네요?"

나는 내가 낸 의견에 모든 친구들이 쉽게 동의해 줘서 반대 입장이 있을 거라는 생각은 하지 못했습니다. 그런데 선생님 말씀을 들어 보니 혹시 잘못해서 작은 조각을 먹게 될 수도 있다고 하더라도, 아주 큰 조각을 먹을 수 있는 기회를 얻고 싶어서 제 의견에 반대할 수도 있었겠다는 생각이 들었어요. 그래서 선생님께 다시 물었더니 바로 자세히 대답해 주셨습니다.

"그렇지. 좀 더 모험적인 결단과 실행이 필요할 수도 있는데, 지나치게 안전한 길로만 간다는 게 존 롤즈가 주장한 계약주의 정의론의 문제점이기도 하단다. 계약주의 정의론에 따르는 사람들은 열심히 일하지도 않고 계속 낙관적인 생각과 행동만 할 수가 있어. 하지만 이런 존 롤즈의 계약주의 정의론은 자유와 평등의 이율배반적인 요소를 조화시키기 위한 노력이란다. 즉, 계약주의 정의론은 시장 경제 자본주의의 문제점과 사회주의의 문제점을 동시에 해결할 수 있는 방법이야. 그러니까 우리 반은 자유와 평등의 사이에서 중심을 잘 잡았다고 할 수 있지."

"우와! 그럼 저희 잘한 거 맞죠? 저, 선생님! 케이크도 좋은데요, 떡볶이도 사 주시면 안 될까요?"

나눔이가 우리 반이 자유와 평등의 중심을 잘 잡았다는 선생님의 말씀을 듣더니 신나 하면서 너스레를 떨었습니다.

"좋아! 선생님이 이번 주 토요일 점심에 즉석 떡볶이를 사 주마."

선생님은 웃음 띤 얼굴로 우리들에게 떡볶이를 약속하셨습니다.

"그건 그렇고, 우리 반이 해결해야 할 일이 하나 남아 있구나. 우리 반의 반장 자리는 어떻게 할 거니? 다시 선거를 할까?"

선생님은 우리들의 대답을 기다리시는 것 같았습니다. 그러나 아이들은 확실하게 대답하기가 어려워 보였습니다. 왜냐하면 아이들도 환경 미화 심사를 하면서 공리가 괜찮은 아이이긴 한데 약간의 욕심이 문제였다는 것을 알았기 때문입니다. 그것만 고친다면 공리는 정말 좋은 반장이 될 것입니다.

나는 왜 윤성이가 공리를 좋아했는지 알 것 같았습니다. 그리고 왜 제게 공리를 보여 주지 않고 혼자만 보려고 했는지도 말이죠.

"공리는 정식 선거를 통해서 뽑혔으니, 공리에게 한 번 더 기회를 주어야 한다고 생각해요."

나는 일어나서 말했습니다.

"그리고 공리는 저희와 한 약속도 성실하게 지켰어요."

빛나도 나의 말에 동조하였습니다. 그래서 우리 반은 처음 뽑았던 그대로 임원과 반의 규칙을 유지하면서 한 학기를 보내도록 했습니다. 선거는 2학기가 되면 다시 하기로 하고 말입니다.

자유와 평등의 조화

존 롤즈의 계약주의 정의론:

공리주의는 복지 사회의 길잡이가 되는 이론입니다. 하지만 사회 전체의 복지를 명분으로 개인의 인권을 무시하는 전체주의적 성향이 있어요. 그러나 자유와 평등은 공리주의의 목적인 복지보다 우선합니다. 그렇기 때문에 공리주의를 비판하는 이론이 나오게 되는데, 자유와 평등 중 어느 것에 무게를 두느냐에 따라 자유주의와 평등주의가 생겨요. 그렇지만 자유와 평등은 서로 대립하는 성향이 있어서 둘을 조화시키는 것은 쉬운 일이 아니지요.

그러나 평등과 자유를 절묘하게 조화시킨 정의론을 제시한 철학자가 있어요. 바로 존 롤즈입니다. 존 롤즈의 정의론이 돋보이는 이유는 서로 대립되는 자유와 평등을 '평등한 자유의 원칙'과 '차등의 원칙'으로 압축한 데 있어요. 뿐만 아니라 존 롤즈의 정의론은 두 원칙에 알맞은 공정하고 합리적인 행동 방법까지 제시하고 있어요. 즉,

정의의 내용과 방법이 서로 조화를 이루고 있는 거죠. 따라서 그의 정의론은 무책임한 반론이나 뜬구름 잡는 이론이 아닌 바람직한 대안이 될 수 있다는 평가를 받고 있답니다.

존 롤즈의 정의론의 두 가지 원칙:

 1. 평등한 자유의 원칙: 자유주의를 기초로 한 실질적인 평등을 요구합니다. 다만 기본적인 자유를 모두 보장하되 생산재의 사유(私有), 생산물의 배타적 점유, 재산의 상속과 증여의 자유는 배제해야 해요.

 2. 차등의 원칙: (a)약자 우선의 차등의 원칙과 (b)공정한 기회균등의 원칙이 있습니다.

 (a)는 사회적 약자들이 받을 것이 뻔한 최소 혜택의 값이 커지는 경우에 한해서는 불평등을 인정해요. 그 외의 경우에는 평등을 내세웁니다. 사회적 약자인 최소 수혜자를 우선적으로 배려하는 자유주의이죠.

 (b)는 유사한 능력을 가졌다면 직업의 기회를 포함한 모든 삶의 기회가 그들이 태어난 사회적 지위와 상관없이 보장되어야 한다는 것이에요.

 지금까지 우리는 존 롤즈의 정의론이 공리주의를 비판한 두 입장을 조화시키면서 가장 성공적인 대안을 제시한 내용이란 것을 알아보았습니다.

　이제부터는 공정한 절차에 의해 합의가 이루어지면 정의로 인정받을 수 있다는 존 롤즈의 정의론의 방법적 측면을 알아보도록 해요. 우리가 존 롤즈의 정의론을 절차주의 혹은 계약주의라 부르는 것은 '공정으로서의 정의' 라는 방법적인 면을 말하는 거예요.

　원초적 입장:

　앞서 밝힌 정의의 원칙을 실제로 나타나게 하기 위해 필요한 전제들을 '원초적 입장' 이라고 해요. 다시 말하면 계약 당사자가 자유롭고 합리적인 상태에서 정의 원칙에 따라 만장일치로 합의하기 위해 필요한 도덕적 관점을 말해요. 원초적 입장을 구성하는 데에는 가상의 조건 두 가지가 요구됩니다.

　1. 인지적 조건: 무지의 베일. 인간 사회의 일반적 도리는 알지만 자신의 재능, 지위 등 이해관계에 영향을 미치는 개인적 자료에 대한 지식을 마치 베일로 씌우는 것처럼 없애는 가상의 도구랍니다. 무지의 베일을 씀으로써 인지적 조건을 충족할 수 있죠.

　2. 동기적 조건: 자신의 이익은 극대화하지만 타인에 대해서는 원한도 없고 동정도 없습니다. 최소의 이해 관심만 가진 가장 보편적 인간의 상

태를 가정함으로써 만장일치의 합의를 이끌어 냅니다.

위의 조건을 만족시키면 원초적 입장을 가진 계약 당사자들도 합리적인 '최소-극대화'라는 방법을 선택한다는 것입니다. 그럼 '최소-극대화'가 무엇인지 알아볼까요? 우리는 누구라도 최소 수혜자(약자)가 될 수 있는 상황(무지의 베일을 쓴 상황)에서는 최악의 상황을 우선 고려합니다. 그때 우리는 최소 수혜자의 몫을 되도록 큰 쪽으로 선택한다는 것이죠. (복권을 예로 들면 1등에게 몰아주는 방식보다는 꼴찌가 되더라도 가장 덜 섭섭한 방식의 복권을 선택한다는 것) 본문에서 케이크를 자르는 상황은 무지의 베일을 쓴 원초적 입장과 최소-극대화를 두루 잘 반영하는 좋은 예입니다.

일단 하나의 케이크 앞에 여섯 명의 조원이 사이좋게 모여 앉은 것부터 생각해 보죠. 만약 어떤 학생이 개인의 자유를 외치며 혼자 케이크를 다 먹겠다고 하면 여러분은 어떤 생각이 들겠어요? 말도 안 되는 소리라고 하겠죠? 그 학생은 '자유'라는 개념을 잘못 생각하고 있는 거예요. 그러니까 우리는 이 상황에서 잘못된 개념의 자유주의는 없애 버리고 합리적인 '평등한 자유의 원칙'을 지키는 상태를 유지해야 해요. 한편 학생들은 케이크를 조금의 오차도 없이 완벽하게 여섯 조각으로 등분할 수는 없다는 현실을 인정하였습니다. 이것은 완벽하게 평등해야 한다는 생각에서 조금 양보를 한 것이고, '차등의 원칙'을 적용할 수 있는 상태이기도 합니다. 여기에 케이크를 먼저 자르고 자기 몫을 선택하는 방법은 원초적 입장을 만족시킨 공정한 분배의 실천이에요. 이를 방법 면에서 봤을 때는 공정한 절차에 따라 만장일치로 합의된 계약을 이끌고 있어요. 그리고 내용 면에서 봤을 때는 정의의 두 원칙에 알맞은 결과에 도달함으로써, 자유와 평등을 모두 보장하는 명실상부한 정의론을 제시하고 있지요.

존 롤즈의 계약주의에 담긴 문제점

문제점 역시 내용과 방법 면으로 나눠 볼 수 있어요. 계약주의의 문제점은 그 방법이 현실에서 불가능할 수 있다는 것입니다. 예컨대 계약주의 방법론의 출발이 되는 원초적 입장은 반드시 꼭 그렇게 해야 한다는 것이 아니에요. 요구할 수도 있고 아닐 수도 있는 입장이기 때문에 만장일치를 기대하기는 어렵죠. 방법 면에서 봤을 때는 지나친 낙관이 계속 이어질 수 있어요.

무지의 베일은 원초적 입장의 한 조건이죠. 그런데 자신의 가치관도 모르는 것이 공정한 선택의 조건이라고 할 수 있을까요? 무지의 베일과 최소-극대화 방법을 쓰지 않고, 위험을 감수하더라도 더 큰 이익을

좋는 방법은 생각할 수 없었을까요? 그러나 공정한 절차와 기회, 그리고 합의를 강조하고 자유와 평등의 조화를 추구하는 존 롤즈의 정의론이 우리에게 여전히 많은 교훈을 준다는 점, 잊지 마세요.

에필로그

"우진아! 얘가 또 늦게 일어나려고 그러니? 어서 안 일어나?"

엄마는 아침부터 목소리를 크게 내면서 내 방으로 가셨습니다. 하지만 나는 그곳에 없답니다. 벌써 아침 먹을 준비는 다 되었는걸요. 엄마는 식사를 준비하느라 내가 일어나 움직이는 것을 보지 못하셨습니다.

"아니, 얘가 어디 갔지?"

나는 텔레비전 옆에 놓여 있는 현진이 사진을 보고 있었습니다. 현진이는 오늘도 여전히 미소만 짓고 있네요.

'현진아, 하늘나라는 좋아? 싸움도, 질투도, 슬픔도 없는 곳이겠지? 그곳에 있는 모든 사람들은 서로를 배려해 가면서 함께 나누고 보살펴 줄 것 같아. 서로 질서와 규칙을 지키고 공정한 절차를 통해 사회가 유

지되겠지? 우리 5학년 4반처럼 말이야. 히히!'

환경 미화를 통해 선생님과 반 친구들까지 우리는 모두 하나가 되었습니다. 우리들은 우리들 나름의 규칙을 만들었고, 그것을 통해서 서로의 의무를 다했습니다. 그리고 케이크의 원리처럼 어떤 것이든 공평하게 나누어 가지는 법도 배웠습니다. 이것이 바로 존 롤즈가 말한 계약주의 정의론일 것입니다.

물론 이 이론에 문제가 없는 것은 아니래요. 하지만 나는 그래도 계약주의 정의론이 현재에 가장 적합한 최선의 방법이 아닐까 하는 생각이 듭니다.

아! 부반장인 나 최우진은 2학기 때 어떻게 되었냐고요? 사실 그게 말이죠, 지난 학기의 케이크 사건 때문에 전 아이들의 인기를 한 몸에 받게 되었답니다. 그래서 2학기가 되어서는 아이들의 지지를 얻어 반장이 되었고요. 공리는 1학기 동안 열심히 우리 반을 위해 일을 해 주었고, 현재는 부반장입니다. 반장과 부반장을 서로 한 번씩 번갈아 가면서 하게 된 것이죠.

나는 공리와 친해진 것도 좋고, 정의로운 사람이 되겠다는 꿈을 갖게

돼서 더 좋습니다. 그리고 많은 사람들이 우리처럼 대화와 타협을 통해서 좋은 결과를 이루어 내는 가치 있는 경험을 해 보길 바랍니다.

'현진아, 어때? 오빠 진짜 정의롭지?'

통합형 논술
활용노트

01 제시문 (가)와 (나)가 말하는 정의는 성격이 다릅니다. 각각의 입
　　장을 비교하면서 설명해 보세요.

(가) 자연은 인류를 고통과 쾌락이라는 두 군주의 지배 아래 두었다. (…)
　　우리가 무엇을 해야 할지를 결정하는 것은 오로지 이 두 군주의 손
　　에 달려 있다. (…) 우리는 어떤 행위를 해야 할 것인지 말 것인지를
　　그 행위가 사람들의 쾌락(행복)을 증진시키고 고통(불행)을 감소시키
　　는지에 따라 결정한다. (…) 우리는 이러한 유용성의 원리에 부합하
　　는 행위를 마땅히 해야 할 행위라고, 또는 적어도 해도 좋은 행위라
　　고 말할 수 있다. (…) 공공의 이익이란 모든 개인의 이익을 합한 것
　　에 지나지 않는다. (…) 모든 입법의 목적은 사회의 행복을 증진시키
　　는 것이다. 행복을 감소시키는 것은 악이므로 모두 제거해야 한다.
　　모든 형벌은 그 자체로서 악이지만 공리의 원칙에 따라 더 큰 악을
　　제거할 수 있다면 허용되어야 한다.

　　　　　　　　　　　　　　　　　　－ 제러미 벤담,《도덕과 입법 원리 입문》중에서

(나) 진리가 사상 체계가 추구해야 할 최고의 덕목이라고 한다면, 정의
　　(正義)는 사회 제도가 추구해야 할 최고의 덕목이다. 이론이 아무리

논리적으로 빈틈이 없고 간단하고 명료하다고 할지라도 그것이 진리가 아니라면 고치거나 버려야 한다. 마찬가지로 법이나 제도도 아무리 효율적이고 완벽한 것일지라도 그것이 정당하지 못하다면 고치거나 버려야 한다. 모든 사람은 사회 전체의 복지라는 명목으로도 침해할 수 없는 정의에 대한 권리를 가지고 있다. 그러므로 다른 사람들이 가지게 될 더 큰 선을 위하여 소수의 자유를 빼앗는 것은 정당화될 수 없다. 다수가 누릴 더 큰 이익을 위해서 소수에게 희생을 강요하는 것은 정의롭지 못하다. 따라서 정의로운 사회라면 누구에게나 동등한 시민적 자유를 보장하며 정치적 거래나 사회적 이익의 계산을 이유로 이미 정의에 의해 보장된 권리들을 빼앗을 수 없다. 진리가 아닌 결함 있는 이론은 그보다 나은 이론이 없을 경우에만 참고 따를 수 있다. 마찬가지로 정의롭지 못한 것은 그보다 더 정의롭지 못한 것을 피하기 위해 필요한 경우에만 참을 수 있다. 인간의 삶이 추구하는 최고의 덕목들인 진리와 정의는 지극히 준엄한 것이다.

— 존 롤즈, 《정의론》 중에서

02 다음 제시문을 읽고 물음에 답하세요.

(가) "야. 너는 아무래도 반장 자질이 없는 것 같아."

우리 반을 위해 열심히 그림을 그렸던 진현이가 공리에게 말했습니다.

"뭐야? 반장이 될 자질이 없다니? 너네는 내가 반장으로서 필요해서 뽑은 거 아니니? 모두가 잘 되자고 하는 일인데 왜 그래? 나 혼자 이익 챙기려고 하는 것도 아니고 우리 5학년 4반을 위해서, 환경 미화 1등 해서 모두가 좋으라고 하는 거라고. 환경 미화의 실질적인 일은 빛나가 알아서 하지만 그 위에서 내가 지휘를 하고 있어. 지금은 다들 조금 힘들겠지만 1등 해서 상 타고 나면 훨씬 좋아질 거야."

― 《존 롤즈가 들려주는 정의 이야기》(자음과 모음) 중에서

(나) 자신의 집 근처에 '기피 시설'이 들어서는 것을 싫어하는 것은 당연한 반응일 수 있다. 그러나 몇몇 지역처럼 자신의 이익에 도움이 되는 것 외엔 어떤 것도 받아들일 수 없다는 생각은 곤란하다. 집단 이기주의가 공동체의 문제를 결정하도록 내버려 둬서도 안 된다.

법원은 얼마 전 납골당 문제에 대해 "공익적 시설이기 때문에 주민들이 어느 정도의 불편은 감내할 필요가 있다."고 말했다. 공익이 우선이라는 말이다. 이런 원칙과 함께 갈등을 조정할 수 있는 기구나 시스템도 빨리 마련해야 한다.

– ○○신문, 2008년 1월 24일

1. 환경 미화 심사에서 1등을 하면 반 아이들 모두에게 좋은 혜택이 돌아갑니다. 그런데 우진이 반 아이들은 1등을 하기 위해 노력하는 공리를 못마땅해 하면서 자질이 없다고 비판을 합니다. 아이들이 왜 비판을 하는지 본문 내용을 바탕으로 제시문 (가)를 읽고 설명해 보세요. 그리고 김공리의 행동을 통해서 우리가 알 수 있는 것이 무엇인지도 함께 설명해 보세요.

2. 본문과 제시문 (가)를 보면 목적을 중요시하는 김공리가 목적론자이자 공리주의자임을 알 수 있습니다. 김공리는 자신만의 이익이 아니라 반 전체의 이익을 얻기 위해 행동하였습니다. 그렇다면 김공리의 목적론이 이기주의와 다른 점은 무엇인지 제시문 (가)와 제시문 (나)를 읽고 설명해 보세요.

- -

- -

03 다음 글을 읽고 물음에 답하세요.

(가) "음, 이걸 어떻게 똑같이 나누지?"

케이크를 뚫어지게 바라보던 나눔이가 말했습니다. 그러자 강인이가 대답했습니다.

"그냥 아무나 잘 자르면 되지. 아니면 자르지 말고 그냥 퍼 먹을까?"

"그러지 말고, 이런 방법은 어떨까?"

나는 아이들에게 제안을 하나 하기로 했습니다. 아이들은 모두 나를 바라보았습니다.

"일단 여섯 명씩 한 조를 만들고 각 조에서 한 명이 케이크 를 여섯 조각으로 자르는 거야. 그리고 한 조 여섯 명이서 서로 가위바위보를 하는 거지. 그래서 이기는 사람이 먼저 케이크 조각을 선택하는 거야. 그러면 자르는 사람은 자기 가 가위바위보에서 이길지 질지 모르니까 최대한 공평하게 케이크를 자르겠지."

— 《존 롤즈가 들려주는 정의 이야기》 (자음과 모음) 중에서

(나) 정의로운 사회란 첫째, 각 사람이 다른 모든 사람의 자유와

양립할 수 있는 평등한 기본적 자유를 최대한 누릴 수 있는 사회이다. 둘째, 사회적·경제적 불평등은 최소 수혜자에게 최대의 이익을 보장하되, 후세를 위한 절약의 원칙에 위배되지 않도록 조정되고, 또 그 불평등의 계기가 되는 지위는 공정한 기회 균등의 원칙에 따라 모든 사람에게 개방되는 사회이다.

— 고등학교 《도덕》 중에서

1. 제시문 (나)는 존 롤즈의 정의론에 대한 설명입니다. 본문 내용을 바탕으로 여러분이 이해한 존 롤즈의 정의론을 설명해 보세요.

2. 제시문 (가)를 보면 '한 사람이 케이크를 여섯 개로 자르고, 가위바위보를 해서 이긴 사람이 먼저 케이크 조각을 선택한다' 는 방법을 제안하고 있습니다. 하지만 '케이크를 자르기로 한 사람이 제일 늦게 케이크 조각을 선택한다' 는 방법을 사용하는 것이 더 공정하지 않을까요? 제시문 (나)에 나타난 존 롤즈의 정의론에 비추어 나름대로 비교하여 설명해 보세요.

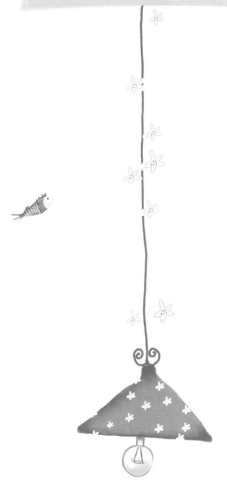

통합형 논술
문제풀이

01 제시문 (가)는 공공의 이익에 도움이 되는 것을 정의라고 보고 있습니다. 어떤 행위가 공공의 이익을 증진시키면 정의롭다고 보고, 공공의 이익을 증진시키지 못하거나 도리어 감소시키면 정의롭지 못하다고 봅니다. 이 과정에서 사회를 구성하는 개인의 이익보다는 사회 전체의 이익이 중시됩니다.

하지만 이와 반대로 제시문 (나)는 모든 사람은 누구에게도 양보할 수 없는 동등한 권리를 가지고 있다고 주장합니다. 소수의 입장도 동등하게 고려해야 한다는 것입니다. 다른 사람들이 가지게 될 더 큰 선을 위하여 소수의 자유를 빼앗는 것은 정당화될 수 없습니다. 그 예로 노예 제도와 인종 차별을 들 수 있습니다.

제시문 (나)는 부당한 불평등은 비판하지만, 정당한 불평등은 인정하고 있습니다. 부당한 불평등이란 소수의 권리를 무시하는 처사를 말합니다. 아무리 소수에게라도 부당한 불평등이 허용된다면, 그 사회는 정의롭다고 할 수 없습니다. 그런데 정당한 불평등은 사회의 최소 수혜자에게 그 불평등을 보상할 만한 이득을 가져오는 경우에는 정당한 것으로 평가합니다. 소수자(강자)가 더 큰 이익을 취한다 해도 그로 인해 불운한 사람(약자)의 처지가 더 향상된다면 부정의한 것은 아니라는 것입니다.

02 1. 김공리는 반 전체의 최대 이익과 혜택, 명예 등을 위해 노력하였습니다. 이것은 목적을 중요하게 생각하는 공리주의 태도였습니다. 김공리는 1등이라는 목적을 이루기 위해서 수단과 방법을 가리지 않았습니다. 환경 미화에서 이기기 위해 솜씨 좋은 다른 반 친구들의 작품을 '우리들 솜씨'로 내세우는 것은 목적보다 먼저 지켜야 할 방법적 '옳음 규칙'을 어긴 셈입니다. 결국 반 아이들 개인의 자유와 그에 따른 합의와 자발적인 참여는 무시되었습니다. 그래서 아이들은 김공리를 비판하였고 결국 공리를 반장에서 퇴출하려는 사건에 휩싸였습니다. 좋은 결과와 능률만을 생각하면 경쟁의 공정성이 지켜지지 않기 때문에 반 아이들은 김공리를

비판한 것입니다.

2. 공리주의는 행위가 가져온 행복과 고통이 얼마나 크고 적으냐에 따라 그 행위의 옳고 그름을 판단합니다. 따라서 공리주의는 '최대의 행복'을 목표로 삼고 있습니다. 하지만 자신만의 행복을 추구하는 것은 아닙니다. 제시문 (나)에서는 다른 지역과 사람들에게 피해가 가더라도 우리 지역의 이익만 생각하는 지역 이기주의가 나타나고 있습니다. 공리주의는 '최대 다수의 최대 행복'을 실현하고자 합니다. 즉, 공리주의는 가능한 많은 사람들의 이익을 만족시킨다는 점에서 이기주의와 다릅니다. 하지만 많은 사람의 큰 행복을 추구하는 과정에서 모두의 자유와 입장을 무시하는 경우가 있어서 비판받기도 합니다.

03 1. 존 롤즈는 목적에 앞서 마땅히 지켜야 하는 정의의 원칙이 있다고 주장하였습니다. 그리고 합의된 계약을 통하여 자유를 기본으로 하면서 평등의 조건을 충족시켜야 한다고 했습니다. 자유와 평등을 동시에 충족시킬 수 있는 내용은 존 롤즈의 '평등한 자유의 원칙'과 '차등의 원칙'이라는 정의의 두 원칙에서 나타납니다. 구체적인 방법을 얻기 위해서 우선 '원초적 입장'과 '무지의 베일'이 필요합니다. '원초적 입장'은 계약절차의 전제이며, '무지의 베일'이란 존 롤즈가 제안한 '원초적 입장'을 구성하는 데 꼭 필요한 상황 조건을 말합니다.

2. 앞의 방법에서 케이크를 자르는 사람은 자신이 가위바위보에서 이길 것인지 질 것인지를 알 수가 없습니다. 즉, '무지의 베일'에 가려진 상태입니다. 그러므로 케이크를 자르는 사람은 최선을 다해서 똑같은 크기로 자를 것이고, 그러면 어느 누구도 그 선택과 결과에 대해 불만을 가질 수 없게 만드는 '최소-극대화 원리'가 지켜지게 됩니다.

뒤의 방법은 자르는 사람이 먼저 케이크를 가져 갈 확률이 전혀 없으므로 케이크를 더욱 똑같이 나눌 수 있는 방법입니다. 그

래서 결과적으로는 더욱 공정한 분배를 이끌 가능성이 높다고 볼 수도 있습니다. 하지만 뒤의 방법은 케이크를 자르기로 한 사람이 이미 '최소 수혜자'로 결정되어 있습니다. 즉, 게임 도중에 '무지의 베일'이 일부 벗겨진 셈입니다. 그러므로 공정한 절차를 우선시 하는 존 롤즈의 정신에는 앞의 방법이 더욱 알맞습니다.